Os Exercícios Espirituais de Inácio de Loyola

Inácio de Loyola

Os Exercícios Espirituais de

Inácio de Loyola

Tradução:
Vera Lucia Leitão Magyar

MADRAS

Traduzido originalmente do inglês sob o título The Spiritual Exercises
St. Ignatius of Loyola
© 2004, Madras Editora Ltda.

Editor:
Wagner Veneziani Costa

Diagramação:
F&F Estúdio
Tel: (11) 6281-7686
E-mail: franklinpaolotti@uol.com.br

Produção e Capa:
Equipe Técnica Madras

Revisão:
Miriam Terayama
Wilson Ryoji
Rita Sorrocha

CIP-BRASIL. CATALOGAÇÃO NA FONTE
SINDICATO NACIONAL DOS EDITORES DE LIVROS, RJ.

I32e

Inácio, de Loyola, Santo, 1491-1556
Os exercícios espirituais de Inácio de Loyola
/ tradução Vera Lúcia Leitão Magyar. — São Paulo: Madras, 2004

Tradução de: The spiritual exercises St. Ignatius of Loyola
ISBN 85-7374-694-7

1. Exercícios espirituais. I. Título.

04-0560.   CDD 242
                                                                      CDU 242

04.03.04	09.03.04	005744

Os direitos de tradução desta obra pertencem à Madras Editora, assim como sua adaptação e a coordenação. Fica, portanto, proibida a reprodução total ou parcial desta obra, de qualquer forma ou por qualquer meio eletrônico, mecânico, inclusive por meio de processos xerográficos, incluindo ainda o uso da internet, sem a permissão expressa da Madras Editora, na pessoa de seu editor (Lei n° 9.610, de 19.2.98).

Todos os direitos desta edição, em língua portuguesa, reservados pela

MADRAS EDITORA LTDA.
Rua Paulo Gonçalves, 88 — Santana
02403-020 — São Paulo — SP
Caixa Postal 12299 — CEP 02013-970 — SP
Tel.: (0_ _11) 6959.1127 — Fax: (0_ _11) 6959.3090
wwww.madras.com.br

ÍNDICE

Aprovação do Texto em Latim 13
Introdução à Edição Brasileira 15
   Os estudos e a preparação de seu apostolado 17
   A expansão da Companhia de Jesus 17
   Exercícios Espirituais 19
Introdução *pelo Papa Paulo III (1468-1549)* 21
Prefácio 23
Prece do Padre Diertins 27

Capítulo 1

Anotações (Orientações) 29
   Primeira anotação 29
   Segunda anotação 30
   Terceira anotação 30
   Quarta anotação 30
   Quinta anotação 31
   Sexta anotação 31
   Sétima anotação 32
   Oitava anotação 32
   Nona anotação 32

Décima anotação 32
Décima primeira anotação 33
Décima segunda anotação 33
Décima terceira anotação 33
Décima quarta anotação 33
Décima quinta anotação 34
Décima sexta anotação 34
Décima sétima anotação 35
Décima oitava anotação 35
Décima nona anotação 36
Vigésima anotação 36

Capítulo 2

Pressuposto 39

Capítulo 3

Princípios e Fundamentos 41

Capítulo 4

Primeira Semana 43
  Exame particular e diário 43
  Quatro adições para livar-se rapidamente
  de um defeito ou pecado 44
  Exame geral de consciência para purificar-se
  e fazer uma confissão melhor 45
  O pensamento 45
  A palavra 46
  A obra 47
  O exame geral 48
  Confissão geral e comunhão 48
  Primeiro exercício 49
  Segundo exercício 51
  Terceiro exercício 53

Quarto exercício 53
Quinto exercício 54

Capítulo 5

Adições 57

Capítulo 6

Segunda Semana 61
Parte dois 62

Capítulo 7

Contemplação da Encarnação 65
  Primeiro ponto 66
  Segundo ponto 66
  Terceiro ponto 66
  Colóquio 67
  A segunda contemplação 67
  A terceira contemplação 68
  A quarta contemplação 68
  A quinta contemplação 68
  Segundo dia 70
  Terceiro dia 70
  Quarto dia 70

Capítulo 8

Introdução para Considerar os Estados 73

Capítulo 9

Quarto Dia 75
  A meditação dos três tipos de pessoas 77
Quinto dia 79

Sexto dia 79
Sétimo dia 79
Oitavo dia 79
Nono dia 79
Décimo dia 80
Décimo primeiro dia 80
Décimo segundo dia 80

Capítulo 10

Três Modos de Humildade 81
   Primeiro modo de humildade 81
   Segundo modo de humildade 82
   Terceiro modo de humildade 82

Capítulo 11

Eleição 83
   Os três tempos em que se faz uma eleição correta ... 84
   O primeiro modo de fazer uma boa e sadia
   eleição, em seis pontos 85
   O segundo modo de fazer uma boa e sadia eleição,
   em quatro regras e uma nota 86
   Para consertar e reformar a própria
   vida e situação 87

Capítulo 12

Terceira Semana 89
   Primeiro dia 89
   Segundo dia 91
   Terceiro dia 92
   Quarto dia 92
   Quinto dia 92
   Sexto dia 93
   Sétimo dia 93

Oitavo dia 93

Capítulo 13

Regras para Ordenar-se no Comer 95

Capítulo 14

Quarta Semana 97

Capítulo 15

Contemplação para Alcançar o Amor 99

Capítulo 16

Três Modos de Orar 101
   Primeiro modo de orar 101
   1. Os Dez Mandamentos 101
   Oração 102
   2. Os Pecados Capitais 102
   3. As Três Potências da Alma 103
   4. Os Sentidos Corporais 103
   Segundo modo de orar 103
   Terceiro modo de orar 104

Capítulo 17

Os Mistérios da Vida de Cristo, nosso Senhor 107
   A Anunciação de Nossa Senhora 107
   A visita de Nossa Senhora a Isabel 108
   O nascimento de Cristo, nosso Senhor 108
   Os pastores 108
   A circuncisão 109
   Os Três Reis Magos 109
   A purificação de Nossa Senhora e a apresentação

do Menino Jesus 109
A fuga para o Egito 110
Como Cristo, nosso Senhor, voltou do Egito 110
A vida de Cristo, nosso Senhor, dos 12 aos 30 anos 110
A vinda de Cristo ao Templo quando Ele
estava com a idade de 12 anos 111
O batismo de Cristo 111
A tentação de Cristo 112
O chamado dos Apóstolos 112
O primeiro milagre, realizado nas bodas de Caná, Galiléia ... 113
A expulsão dos vendedores do Templo 113
O Sermão da Montanha 113
Como Cristo, nosso Senhor, acalmou a tempestade no mar .. 114
Como Cristo andou sobre o mar 114
Como os Apóstolos foram enviados para pregar 115
A conversão de Madalena 115
Como Cristo, nosso Senhor, deu de comer
a cinco mil homens 115
A transfiguração de Cristo 116
A ressurreição de Lázaro 116
A ceia em Betânia 117
O Domingo de Ramos 117
A pregação no Templo 117
A Ceia 118
Da Ceia até o Horto, inclusive 118
Do Horto até a casa de Anás, inclusive 119
Da casa de Anás à casa de Caifás, inclusive 119
Da casa de Caifás até a casa de Pilatos, inclusive 120
Da casa de Pilatos até a casa de Herodes 120
Da casa de Herodes para a casa de Pilatos 120
Da casa de Pilatos até a Cruz, inclusive 121
Na Cruz 121
Da Cruz até o sepulcro, inclusive 122
A Ressurreição e a primeira aparição 122
A segunda aparição 122

A terceira aparição 122
A quarta aparição 123
A quinta aparição 123
A sexta aparição 124
A sétima aparição 124
A oitava aparição 124
A nona aparição 125
A décima aparição 125
A décima primeira aparição 125
A décima segunda aparição 125
A décima terceira aparição 125
A ascensão 126

Capítulo 18

Regras de Discernimento dos Espíritos 127
Regras de discernimento dos espíritos 131

Capítulo 19

Regras para Distribuir Esmolas 133

Capítulo 20

Notas sobre Escrúpulos 135

Capítulo 21

Regras para Sentir com a Igreja 137

Aprovação do Texto em Latim

Nenhuma alteração foi feita no texto. As correções necessárias de suas citações foram indicadas em itálico. É importante ressaltar que os textos das *Escrituras Sagradas* não são repassados nos Exercícios Espirituais da mesma forma como nos textos populares. Tais divergências não serão notadas nesta tradução. Convém lembrar que, quando o livro foi escrito, o Concílio de Trento ainda não tinha posto seu selo no Vulgo.

Os títulos e rubricas do manuscrito foram mantidos quando necessários e indicados em itálico.

As abreviações foram apresentadas por extenso.

Palavras indicadas em itálico são destaques dados pelo tradutor e não pelo autor.

Não foram seguidas, das cópias originais, as letras maiúsculas e minúsculas, a pontuação e a divisão do texto em parágrafos. Várias tipologias diferentes do manuscrito foram utilizadas.

Por uma questão de conveniência, as citações das *Escrituras Sagradas* não seguiram o modelo moderno de capítulos e versículos, mas sim os capítulos e cartas. Além disso, as citações são indicadas por notas, em vez de parênteses.

Introdução à Edição Brasileira

A história da Igreja Católica Apostólica Romana registra como um de seus mais famosos membros Santo Inácio de Loyola, nascido Íñigo López de Loyola, no ano de 1491, no Castelo de Loiola, perto de Azpeitia, Guipúzcoa, Espanha. O mito que se formou em torno de sua pessoa fala que ele teria vindo ao mundo numa cavalariça, naturalmente com o fito de aproximar sua imagem ao nascimento do Menino Jesus.

Sua mãe, definida como uma alma "piedosa", morreu cedo, e Inácio esteve ligado à religião de seus avós, o Catolicismo, não tanto portadores de uma fé esclarecida, mas com costumes devotos rígidos. O jovem Inácio chegou a receber a tonsura, indicativo de que estava destinado a uma vida eclesiástica, porém ao deixar, ainda adolescente, sua terra natal para trabalhar como pajem na corte de Juan Velasques de Cuellar, passa a levar uma vida agradável incorporando os costumes dissolutos da época, pouco se conhecendo sobre essa sua fase. Em sua autobiografia, ele afirma: *"Até a idade de 26 anos fui um homem dedicado às vaidades do mundo e, sobretudo, comprazia-me no exercício das armas com grande e vão desejo de, com isso, ganhar fama".*

Em 1521, integrado à vida militar, foi ferido quando defendia a Praça de Pamplona, sitiada pelos franceses, por uma bala de canhão que lhe fraturou a perna direita. Essa ocorrência determinou a grande virada de sua vida. Para vencer o tédio desse repouso forçado, pôs-se a ler os únicos livros do castelo de sua família, para onde os franceses o haviam cavalheirescamente levado após a rendição da Praça. Esses livros eram sobre a vida de Cristo (*Lenda Dourada,* de Jacques de Voragine) e histórias sobre santos.

A leitura dos livros e a demorada convalescença fizeram com que Loyola mudasse radicalmente seu projeto de vida para lutar pelo que ele chamaria de Reino de Cristo. Sem revelar suas intenções, deixou o castelo, trocou seus ricos trajes, oferecidos a um mendigo, por roupas maltrapilhas e entregou-se a uma vida de penitências, orações e mortificações.

Sua primeira peregrinação projetada foi para Jerusalém. Como preparação, peregrina em 1522 a Notre-Dame de Montserrat, no coração da Catalunha, indo para Manrese, pequena vila plantada à margem escarpada do Cardoner. Nessa localidade, recolhe-se a uma gruta iniciando um período místico de meditação. Loyola, desde sua conversão, anotava em um caderno as passagens mais significativas que tinha encontrado nos livros lidos. Nessa outra fase, inicia escritos em um novo diário íntimo, apesar de ser mediocremente versado em letras, pois sempre manejara melhor a espada que a pena. Seu conteúdo se torna no futuro um dos livros-chave da espiritualidade católica e que vem a ser este *Os Exercícios Espirituais de Inácio de Loyola,* atualizado posteriormente pelo próprio autor.

Mas e a peregrinação a Jerusalém? Loyola sente que o momento é para se aproveitar deste recolhimento e uma ascese mística, adiando a viagem. A história registra outros casos de conversões radicais em que seus protagonizadores sentem uma vontade imperiosa de recolhimento e estratégica retirada para prepararem-se para uma missão. Loyola enquadra-se entre estes: a aparência pessoal deixa de ser preocupação, crescem-lhe os cabelos, a barba, as unhas. Manresa torna-se o marco divisor de sua vida e ele sente ardente desejo de dedicar sua vida ao próximo, a exemplo do Cristo. Não há, porém, termo de comparação entre sua ascese mística e a ascese contemplativa de um yogue, por exemplo, porque essa situação é momentânea, ele intenta transformar sua fé em ação.

Os estudos e a preparação de seu apostolado

Loyola percebeu que para o bom desempenho de seus projetos havia necessidade de se preparar cultural e teologicamente para alcançar "a maior glória de Deus", que foi o lema de sua vida. Tinha, então, 33 anos de idade quando reiniciou seus estudos pelo aprendizado do latim. Posteriormente, passou onze anos nas Universidades de Barcelona, Alcalá, Salamanca e Paris, durante os quais, por sua forte personalidade e obstinação, reuniu em torno de si alguns discípulos, entre os quais um jovem doutor da Sorbonne, Francisco Xavier, o futuro Apóstolo das Índias e que também seria santificado pela Igreja. Em 15 de março de 1534, este primeiro grupo de sete companheiros fez votos de pobreza, de castidade e de obediência à fé católica apostólica romana.

Em 1540, o Papa Paulo III reconheceu o grupo como uma nova Ordem religiosa de nome militar, *Companhia de Jesus,* e ideologia idem, com o propósito de ser uma "milícia" a serviço de Jesus Cristo, a quem ele costumava chamar de Rei e Capitão.

Com o seu sonho sendo materializado, Íñigo latiniza seu nome para Inácio e é eleito "General" do novo exército. Em seguida, compõe um código de leis, as Constituições da Companhia de Jesus e dá os últimos retoques nos *Exercícios Espirituais*.

A expansão da Companhia de Jesus

Sempre influenciado por seu espírito militar, Inácio de Loyola tornou as obras da Companhia de Jesus de grande relevância para a época, durante a qual a presença protestante minava as bases do catolicismo romano. A Reforma Protestante e o florescimento das artes durante a Renascença eram consideradas prejudiciais ao Catolicismo, provocando a reflexão de Loyola sobre qual a maneira mais eficaz de combatê-las. Chegou à conclusão de que deveria promover, em todas as localidades possíveis, a fundação de colégios que, a par de substanciosa instrução literária e científica, ministrariam uma excelente instrução religiosa.

O crescimento vertiginoso da Companhia de Jesus fez com que Loyola não mais deixasse Roma. Ele passou a dirigir a Ordem com mãos de ferro, controlando-a em todos os países da Europa em que se estabeleceu, nas longínquas missões do Oriente e na recém-descoberta América.

No Brasil, sua atuação nos é bastante familiar devido à missão dirigida pelo Padre Manoel da Nóbrega, iniciada em 1549, e que tinha como integrantes os Padres Leonardo Nunes, João de Aspicuelta Navarro, Antonio Pires e os irmãos Vicente Rodrigues e Diogo Jácome. Conserva-se até hoje um numeroso acervo de cartas trocadas entre o fundador da Companhia e os integrantes da missão brasileira, provando o grande interesse que ele tinha nesta primeira iniciativa na América. Destacou-se o Padre Manoel da Nóbrega não só por sua atuação na catequização dos índios e na organização dos primeiros colonos que levou à fundação da cidade de São Paulo, como também na expulsão dos franceses.

Em 1553, chega o Padre Anchieta, o pacificador dos Tamoios, com mais 15 padres da Companhia de Jesus e o Governador-Geral Duarte da Costa (1553-1557).

Quando Inácio de Loyola faleceu, a 31 de julho de 1556, com 65 anos de idade, estava a Companhia de Jesus instalada na maioria dos países do mundo. Ainda hoje, cerca de 30.000 missionários jesuítas são regidos por sua Constituição primitiva aprovada na Bula *Regimini Militantis Ecclesiae*. Loyola foi beatificado em 1609 e canonizado em 1622.

EXERCÍCIOS ESPIRITUAIS

Em sua auto-biografia, Loyola confessa que seu aprendizado foi mais rico no jejum em sua gruta às margens do Cardoner, que em todos os estudos que fez posteriormente. Durante seu retiro, teve visões e êxtases e chega a dizer que Manresa foi a sua *primitiva Igreja*.

O livro *Os Exercícios Espirituais de Inácio de Loyola* não é um Tratado de Orações que se pode ler e pôr em prática ensinamentos esparsos ou de meditações para a vida diária. É um rígido manual de conduta em que, por meio de exercícios praticados com disciplina e ininterruptamente durante 30 dias, têm a finalidade de aperfeiçoamentos sucessivos, conforme define a Encíclica *Mens Nostra*, promulgada em 25 de julho de 1925 pelo Papa Pio XI, "de dirigir as almas no caminho da salvação e da perfeição, fonte inesgotável de piedade (...)".

O texto original de Loyola era iniciado com uma famosa oração de nome *Anima Cristi*, de origem franciscana, e era tão conhecida na época que só aparece o título, já que, provavelmente supusesse Loyola, todos a conhecessem. Por um favorecimento histórico, a reproduzimos aqui:

Alma de Cristo, santificai-me.
Corpo de Cristo, salvai-me.
Sangue de Cristo, inebriai-me.
Água do lado de Cristo, lavai-me.
Paixão de Cristo, confortai-me.
Ó bom Jesus, ouvi-me.
Nas vossas chagas, escondei-me.
Não permitais que me separe de vós.
Do inimigo maligno defendei-me.
Na hora da minha morte chamai-me.
E mandai-me para vós.
Para que vos louve com nossos Santos.
Por todos os séculos dos séculos.

Para introduzir o fiel na verdadeira finalidade dos *Exercícios* e instruí-lo sobre o método, o próximo capítulo traz *Anotações* (orientações) e uma analogia apropriada na primeira delas: *Do mesmo modo que caminhar e correr são exercícios físicos, estes preparam e dispõem a alma de mecanismos que permitem livrá-la de tendências erradas, entrar em contato com a Vontade Divina e conseguir a salvação.*

As orientações prosseguem informando que o praticante deverá ficar recluso trinta dias, ou quatro semanas, mas que alguns penitentes poderão levar mais tempo para obter a contrição de seus pecados. A condição de solidão é fundamental para que o fiel acolha os dons do Senhor.

Posteriormente, seguem-se as quatro séries de *Exercícios* definidas como semanas, cujo conteúdo pode ser resumido nas seguintes expressões: 1) *Deformata reformare* — reformar aquilo que foi deformado por influência do pecado; 2) *Reformata conformare* — o que assim foi reformado deve ficar conforme o modelo divino encarnado na pessoa de Cristo; 3) *Conformata confirmare* — quer dizer consolidar aquilo que ficou conforme ao modelo divino; 4) *Confirmata transformare* — transformar por meio do amor as resoluções firmemente adotadas.

Mais explicitamente, a primeira semana trata da purificação dos pecados, bem como da morte e do julgamento dos homens. Os exercícios das segunda e terceira semanas referem-se à profunda contemplação da existência, tendo sempre como modelo a vida do Cristo. A última semana representa a busca de uma íntima relação com Jesus.

Ao editar esta obra clássica da Literatura Mundial, que há quase cinco séculos vem sendo passada de geração a geração, a Madras Editora premia seus leitores com mais um texto que privilegia a busca da espiritualidade e resgata uma parcela da História da Companhia de Jesus.

Eduardo Carvalho Monteiro

Introdução

pelo Papa Paulo III (1468-1549)

A responsabilidade pela tutela pastoral do rebanho de Cristo a nós confiada, aliada à nossa devoção em prol da glória e do louvor a Deus, impele-nos a adotar tudo aquilo que ajude na salvação das almas e no desenvolvimento espiritual, e dar atenção àqueles que nos pedem ajuda para o que pode fomentar a fé e nutrir piedosamente os fiéis.

Nosso amado filho Francisco de Borgia, Duque de Gandia, trouxe recentemente a nosso conhecimento a notícia de que nosso amado filho Inácio de Loyola, dirigente da Sociedade Ode Jesus, fundada na nossa amada cidade e confirmada pelas autoridades apostólicas, compilou algumas instruções, ou Exercícios Espirituais, a partir de pesquisas realizadas nas *Sagradas Escrituras* e de sua experiência na vida espiritual e organizou-as de forma a poderem ser usadas para direcionar respeitosamente as almas dos fiéis, e para serem úteis na consolação e no desenvolvimento espirituais. Disso o Duque Francisco disse ter tomado conhecimento por meio de relatos vindos de vários locais e de claras evidências conseguidas em Barcelona, Valência e Gandia.

Por esse motivo, ele, humildemente, implorou-nos para que fizéssemos com que essas instruções e exercícios fossem examinados; e pelo testemunho e relato a nós encaminhados pelo nosso amado Cardeal João, responsável pela região de São Clemente, pelo Bispo de Burgos e pelo Inquisidor, nosso venerável Irmão Filipe, Bispo de Salucia, pelo nosso Vigário Geral para Assuntos Espirituais em Roma e pelo nosso amado filho Egídio Foscarario, responsável pelo nosso Palácio Sacro, consideramos esses exercícios impregnados de devoção e santidade e cremos que eles são e serão extremamente úteis e salutares para o desenvolvimento espiritual dos fiéis.

Temos, além disso, o dever de lembrar os ricos frutos que Inácio e sua acima mencionada Sociedade de Jesus, por ele fundada, têm constantemente produzido em toda a Igreja de Deus, como é comprovado mais uma vez pelo trabalho realizado em torno dos Exercícios Espirituais.

Movidos então por esse pedido, e com a autoridade acima mencionada, pelas referências e pelo nosso próprio discernimento, aprovamos, elogiamos e nos declaramos favoráveis às instruções e exercícios que nos foram apresentados, e tudo o que eles contêm, e exortamos cada um dos fiéis de ambos os sexos e de todos os lugares a aplicar as instruções e os exercícios, deixando-se instruir por eles.

(Seguem os regulamentos para a difusão do livro e as cláusulas de sua confirmação.)

Lavrado na Basílica de São Marcos, em Roma, pelo selo do Pescador, em 31 de julho de 1548, no 14º ano de nosso Pontificado.

Prefácio

A presente tradução dos *Exercícios Espirituais de Inácio de Loyola* foi realizada a partir do original espanhol *Autógrafo*. Essa obra não é, na verdade, o manuscrito do Santo, mas contém um bom número de correções por ele feitas e foi a que o próprio Inácio utilizou para ensinar os exercícios.

Santo Inácio de Loyola era um homem sem grandes pretensões de se tornar um educador quando escreveu esta obra. Sua língua nativa não era nem o espanhol, mas o basco. Sua formação intelectual precária e o pequeno domínio do idioma espanhol são indicativos claros de que ele não teria condições de fazer uso refinado da linguagem, mais especificamente ainda do espanhol; portanto, não se espere que esse trabalho seja considerado obra de estilo. Alguns entraves literários foram removidos de alguma forma, talvez, à medida que ele foi usando e aplicando o livro, mas é sabido que Inácio de Loyola não dava muita importância a essas faltas. As correções por ele realizadas visavam, mais que tudo, tornar o texto o mais claro possível.

O *Autógrafo* de Santo Inácio foi traduzido pelo Padre Roothaan para o latim e reproduzido pelo Padre Rodeles numa edição espanhola. O original não ficou disponível para os estudantes comuns. Em 1908, entretanto, o Padre Wenz permitiu que todo o livro fosse mimeografado, o que resultou em várias cópias distribuídas pelos membros da Sociedade de Jesus. Uma delas serviu de base para esta tradução cujo autor recorreu, freqüentemente, também ao manuscrito original.

Depois de estudar o assunto, pareceu mais correto trabalhar na tradução de forma que ela reproduzisse, o mais fielmente possível, a versão espanhola. Para tanto, foi preciso, às vezes, sacrificar alguns detalhes de estilo, levando em conta que aqueles que vão fazer uso do livro poderiam facilmente abrir mão de certos recursos elegantes de linguagem para ter a certeza de que estão lendo as palavras do modo como foram escritas por Santo Inácio. Qualquer outra forma de tradução adotada poderia se tornar uma extensão ou interpretação do original, correndo o risco de se transformar num comentário. Isso o tradutor tentou a todo custo evitar, preferindo deixar a reflexão sobre o trabalho para outra ocasião e outras mãos.

Outra razão para manter-se rigorosamente fiel ao texto, e menos ao estilo, reside no fato de que os exercícios são basicamente para ser lidos sem muito compromisso de continuidade, aos poucos, com calma e reflexão. Embora o acabamento literário não tenha sido perseguido nesse trabalho, a exatidão o foi. Em função disso, algumas negligências de estilo parecem-me perdoáveis na tradução, se o real significado do trabalho do autor puder ser mantido. Talvez algumas pessoas possam até achar certo encanto nisso, já que reproduz mais fielmente o estilo do autor.

O trabalho de traduzir um texto como *Autógrafo* não é tão simples quanto pode parecer. A primeira dificuldade é tentar entender qual o significado exato que Santo Inácio quis dar ao que escreveu. Isso é difícil, algumas vezes, por causa do tipo de linguagem usada 400 anos atrás, e pelo fato de o texto não ser escrito em espanhol castiço. De vez em quando, o Santo passa para o Espanhol palavras do Latim e do Italiano, ou usa palavras espanholas com o sentido latino ou italiano, ou ainda emprega frases que não compõem o idioma corrente, apenas o acadêmico; ou quando recorre diretamente ao Latim. Para assegurar-se, então, do significado correto, é preciso recorrer aos outros idiomas e aos termos adotados pela filosofia ou teologia escolásticas. Descoberto o significado real, o problema seguinte é encontrar o equivalente, em inglês, mais adequado a determinada palavra ou frase.

Para cumprir essa tarefa, o tradutor recorreu a outras traduções, especialmente aquela do Padre Roothaan para o latim, a do Padre Venturi para o italiano, do Padre Jennesseaux para o francês, e usou ainda a tradução literal para o latim feita, ao que tudo indica, pelo próprio Santo Inácio, copiada em 1541 e formalmente aprovada pela Santa Sé em 1548.

Além desses manuscritos e livros editados, o tradutor reconhece, e o faz agradecidamente, o apoio recebido do Reverendo Mathias Abad, do Padre Aquiles Gerste e particularmente do Padre Mariano Lecina, editor de Inácio no *Monumenta Historica,* pela sua ajuda na apreciação do texto em espanhol; aos Padres Michael Ahern, Peter Cusick, Walter Drum, Francis Kemper e Herbert Noonan pela revisão geral da tradução e, acima de tudo, ao Padre Aloísio Frumveller pela acurada avaliação da tradução em relação ao original.

Concluindo, é interessante avisar ao leitor de *Os Exercícios Espirituais de Inácio de Loyola,* que eles não foram escritos para ser lidos apressadamente, mas para ser avaliados palavra por palavra, sob a direção de um guia competente. Ler estes exercícios de uma só vez pode resultar numa sensação de insatisfação; estudados da forma como se propõem, os Exercícios farão com que o leitor sinta que o texto não falha em provê-lo de material para reflexão e prece.

Elder Mullan,
Colégio Germânico, Roma
Festa de Santo Inácio

Prece do Padre Diertins

Inflama, Senhor, e encoraja a essência dos exercícios que o abençoado Inácio criou para serem divulgados para que também nós possamos ser preenchidos por ela e sejamos zelosos em amar o que ele amou e fazer o que ele nos ensinou! Por Cristo, nosso Senhor. Amém.

Capítulo 1

Anotações (Orientações)

Entendimento do que são os exercícios espirituais para que possam beneficiar tanto quem os ministra quanto quem os recebe.

Primeira anotação

Os exercícios espirituais são orientações que permitem realizar um auto-exame da consciência, meditar, contemplar, orar verbal ou mentalmente e realizar ações espiritualizadas, como será explicado mais à frente. Do mesmo modo que caminhar e correr são exercícios físicos, estes preparam e dispõem a alma de mecanismos que permitem livrá-la de tendências erradas, entrar em contato com a Vontade Divina e conseguir a salvação. Os exercícios espirituais são uma pedagogia espiritual mediante a qual se dá espaço para que o Espírito Santo possa atuar, instruindo, movendo e robustecendo o praticante. O Espírito Santo deve ser o mestre interior que orienta a pessoa, ora chamando a atenção dela para um aspecto do assunto que está sendo estudado, ora despertando sua memória, iluminando-a ou propondo algo para sua vida.

Segunda anotação

A pessoa que ministra os exercícios deve narrar fielmente a história que induzirá o praticante à contemplação ou meditação, apresentando-a de forma concisa, para que ele reflita e raciocine por si mesmo. Isso permite que o praticante, por impulso próprio, ou por inspiração divina, encontre nesse relato algo que o faça compreender melhor o seu sentido ou que lhe renda mais frutos espirituais, pois não é o conhecimento intelectual apenas, mas a compreensão e absorção interior dos ensinamentos que contenta e satisfaz a alma.

"Toda luz desce do alto, do Sol da Inteligência divina; é ele que ilumina o ser humano e o faz participar de seus dons divinos." Por isso, o orientador dos exercícios não deve intrometer-se, de maneira alguma, na comunicação divina, transmitindo, inadvertidamente, suas próprias convicções e deficiências ao praticante. Este deve agir, sempre, sob a influência da graça. (Padre Géza)

Terceira anotação

Os exercícios espirituais usam o intelecto para estimular a reflexão, e a vontade para aperfeiçoar-se. Convém ressaltar que, nos atos dirigidos pela vontade, quando, por exemplo, conversamos verbal ou mentalmente com Deus nosso Senhor, ou com seus Santos, é necessária grande reverência de nossa parte, muito mais do que quando usamos o intelecto para compreender as coisas.

Quarta anotação

Os exercícios são divididos em quatro partes:
A primeira é o reconhecimento e a contemplação dos pecados;
A segunda, o conhecimento da vida de Cristo nosso Senhor até o episódio do Domingo de Ramos;
A terceira, a Paixão de Cristo Nosso Senhor;
A quarta, a Ressurreição e Ascensão, com três métodos de oração.

A cada uma dessas partes corresponde uma semana de trabalho, o que daria quatro semanas, no total, para realizar toda a série de exercícios, mas esse tempo é relativo, já que uma das etapas pode estender-se por mais de sete dias. É o caso, por exemplo, da pessoa que, na primeira semana, não consegue o resultado buscado, seja ele identificar seus pecados, contristar-se, lamentar ou chorar por eles. Outras podem ser mais diligentes e seguir o prazo proposto para cada etapa, coisa que nem sempre é possível para aquelas que estão sujeitas às tentações de diferentes espíritos. Pode ser necessário, às vezes, encurtar a semana e, em outras ocasiões, alongá-la. Mesmo assim, os exercícios podem ser finalizados em aproximadamente 30 dias.

Quinta anotação

Aquele que estiver ministrando os exercícios deve envolver-se neles com grande coragem e generosidade, sempre voltado para nosso Criador e Senhor, oferecendo a Ele seu esforço para que a Divina Majestade possa fazer uso de si e de tudo o que tem, de acordo com sua sagrada vontade.

Sexta anotação

Quando a pessoa que ministra os exercícios sente que o praticante não está recebendo nenhuma inspiração espiritual, seja consolação ou desolação (respectivamente, ligação ou distanciamento de Deus), ou que não se deixou influenciar por diferentes espíritos (se não há empenho, não há como os bons ou maus espíritos agirem), será preciso inquiri-lo cuidadosamente sobre a prática, para verificar se está sendo realizada da forma e no tempo corretos. Vale também fazê-o observar diligentemente as adições (orientações), incentivando-o a perguntar tudo o que quiser.

Consolação e desolação são temas abordados na página 51 e as Adições, na página 55.

Sétima anotação

Se a pessoa que ministra os exercícios verifica que o praticante está triste ou sofrendo tentações, não deve ser dura nem demonstrar insatisfação com ele, mas agir com gentileza e indulgência, insuflando-lhe coragem e força. Revele a ele os estratagemas do inimigo da natureza humana, preparando-o e dispondo-o para a consolação que virá.

Oitava anotação

Se a pessoa que está ministrando os exercícios sentir que o praticante necessita de esclarecimentos sobre as artimanhas do inimigo ou sobre a consolação, pode explicar-lhe, tanto quanto necessário for, as regras da Primeira e Segunda Semanas, que orientam no reconhecimento dos vários espíritos (páginas 41 e 59).

Nona anotação

Quando o praticante que não é versado nas coisas do espírito estiver realizando os exercícios da Primeira Semana e for claramente submetido à tentação explícita — alegando, por exemplo, que encontrou obstáculos para prosseguir no serviço a Deus, nosso Senhor, tais como fadiga, vergonha ou medo —, a pessoa que está ministrando os exercícios não deve lhe explicar as regras da Segunda Semana, no que diz respeito ao reconhecimento dos vários espíritos, por serem temas muito sutis e elevados para a compreensão desse praticante.

Décima anotação

Quando a pessoa que ministra os exercícios percebe que o praticante está sendo tentado sob a aparência do bem, é conveniente orientá-lo sobre as regras da Segunda Semana, referentes ao reconhecimento dos vários espíritos. Isso porque o inimigo da natureza humana costuma freqüentemente tentar sob a aparência do bem quando a pessoa procura se exercitar no caminho da Via Iluminativa, que corresponde aos exercícios da Segunda Semana, e menos quando ela está no caminho da Via Purgativa, que corresponde aos exercícios da Primeira Semana.

DÉCIMA PRIMEIRA ANOTAÇÃO

Não é indicado, para o praticante que está realizando os exercícios da Primeira Semana, saber o que fará na Segunda Semana, para que trabalhe atento ao objetivo que quer alcançar nessa primeira parte.

DÉCIMA SEGUNDA ANOTAÇÃO

O praticante deve reservar uma hora para realizar cada um dos cinco exercícios diários de contemplação. A pessoa que ministra os exercícios deve alertar o praticante para que ele se mantenha concentrado durante toda a hora em que estiver realizando o exercício e, às vezes, até mais do que isso. A recomendação é necessária porque o inimigo costuma atuar no sentido de impedir essa hora de contemplação, meditação ou prece.

DÉCIMA TERCEIRA ANOTAÇÃO

Vale igualmente lembrar ao praticante que, no período de consolação, é mais fácil e menos cansativo manter-se concentrado durante uma hora inteira, o que não acontece no período da desolação. Por essa razão, a pessoa que estiver se exercitando sozinha deve, sempre que possível, permanecer concentrada mais de uma hora durante os períodos de contemplação, para se acostumar a resistir ao adversário e derrotá-lo nos períodos de desolação.

DÉCIMA QUARTA ANOTAÇÃO

Se a pessoa que ministra os exercícios percebe que o praticante está se aprofundando na consolação, e com muito fervor, deve alertá-lo para não fazer nenhuma promessa apressada ou voto. Quanto mais o praticante for de índole instável, mais é dever do orientador agir dessa forma. Mesmo que seja lícito motivar alguém a abraçar a vida religiosa — na qual terão de ser feitos votos de obediência, pobreza e castidade — e mesmo que seja mais meritória uma boa ação praticada com voto do que sem ele, é preciso considerar cuidadosamente as circunstâncias e as qualidades pessoais do indivíduo e o quanto de ajuda ou obstáculos ele encontrará para cumprir a promessa que fez.

Décima quinta anotação

A pessoa que ministra os exercícios não deve influenciar o praticante para que ele faça voto de pobreza ou qualquer promessa, e nem no sentido contrário. Fora da prática dos exercícios, é lícito e meritório motivar pessoas que tenham potencial para optar pela continência, pela virgindade, pela vida religiosa ou por outros tipos de perfeição evangélica. Mas, dentro da prática dos Exercícios Espirituais, que visam colocar o praticante em contato com a Vontade Divina, é mais adequado, e muito melhor, que o Criador, o Pai, Ele próprio, comunique-se com a alma de seu devoto, inflamando-a com Seu amor e louvor e colocando-a no caminho por meio do qual ele conseguirá servi-lo no futuro. O orientador dos exercícios deve cuidar para não se inclinar nem para um lado nem para outro, mas esforçar-se para permanecer no centro, como o ponteiro equilibrado de uma balança, deixando que o Criador interaja diretamente com sua criatura, e vice-versa.

Décima sexta anotação

Para que o Criador ou o Senhor atue mais seguramente no praticante é conveniente, caso aconteça de ele estar muito apegado ou inclinado excessivamente para alguma coisa, esforçar-se por levá-lo à situação oposta àquela pela qual ele se deixou arrastar. Se, por exemplo, o praticante busca a graça de um emprego ou de um benefício qualquer que não vise à honra e à glória do Senhor, nosso Pai, nem o bem espiritual das almas, apenas seu próprio interesse e benefício pessoais, deve ser estimulado a desenvolver sentimentos contrários. Por meio de orações ou de outros Exercícios Espirituais, o praticante pode pedir a Deus, nosso Senhor, que o faça não desejar tal benefício, ou que, ao colocar seus desejos em ordem, altere sua primeira inclinação, de forma que o motivo para desejar ou querer o que quis seja alterado para aquilo que sirva apenas à honra e glória de Deus.

Décima sétima anotação

É importante que o orientador dos exercícios, sem se intrometer nos pensamentos pessoais e pecados do praticante, seja fielmente informado sobre as tendências e pensamentos que os diferentes espíritos nele colocam, de forma a poder ministrar os exercícios com mais adequação.

Décima oitava anotação

Os exercícios espirituais devem ser adaptados à pessoa que deseja recebê-los, levando em conta sua idade, educação e habilidades. Isso para evitar que sejam passados conceitos que não podem ser assimilados com facilidade e que, por isso mesmo, serão de pouca utilidade para o praticante.

Para aquele que pede para ser instruído e quer atingir determinado grau de satisfação espiritual, podem ser ministrados o exame particular, página 41, o exame geral, página 43; o modo de rezar sobre os mandamentos e sobre os pecados capitais, página 100 (as orações devem ser realizadas durante meia hora, todas as manhãs). Recomenda-se ainda uma confissão a cada oito dias, e a comunhão semanal ou quinzenal. Esse é o método mais apropriado para atender aos iletrados ou às pessoas menos educadas, cabendo ao orientador explicar muito bem cada preceito: os mandamentos, os pecados capitais, os mandamentos da Igreja, os cinco sentidos, as obras de misericórdia.

Deve, também, aquele que ministra os exercícios observar o praticante para não esperar dele resultados muito acima de suas capacidades. Caso ele seja pessoa muito simples, o indicado é dar-lhe alguns exercícios fáceis até que confesse seus pecados, depois ensiná-lo a fazer exames de consciência e algum método que o leve a confessar-se com mais freqüência do que o habitual, para preservar o que conseguiu alcançar. O orientador não deve, nesse caso, tentar instruir o praticante no método da predestinação ou em algum outro dos exercícios que não pertencem à Primeira Semana, especialmente quando se pode conseguir progresso com outras pessoas. Não há tempo para fazer tudo.

Décima nona anotação

Se o praticante for pessoa educada ou de boas condições, o orientador deve pedir que reserve uma hora e meia para se exercitar diariamente. Cabe explicar-lhe a finalidade para a qual o homem foi criado e propor o exame particular, o exame geral e o modo de confessar e receber os sagrados sacramentos. Durante três dias, todas as manhãs, durante uma hora, ensiná-lo a fazer a meditação sobre o primeiro, segundo e terceiro pecados, páginas 46-49; nos três dias seguintes, na mesma hora, a meditação sobre a afirmação dos pecados, página 48; então, por outros três dias, na mesma hora, a meditação sobre as punições correspondentes aos pecados, página 49. Deixar que passe por todas as três meditações da décima anotação, página 31. Para os mistérios de Cristo, nosso Senhor, manter a mesma rotina, como está explicado abaixo e, mais detalhadamente, nos próprios exercícios.

Vigésima anotação

Para o praticante mais desembaraçado, disposto a aproveitar o quanto for possível, ensinar todos os exercícios espirituais na ordem indicada. Essa pessoa conseguirá benefícios mais rápidos isolando-se dos amigos e familiares e de todas as preocupações mundanas, saindo da casa onde mora e indo viver em outra, ou em algum local que lhe ofereça o máximo de privacidade possível para que possa ir livremente à missa e às vésperas, todos os dias. Desse isolamento advirão três benefícios básicos, entre muitos outros. O primeiro é que, ao separar-se dos amigos e parentes e de outras responsabilidades cotidianas para servir e honrar a Deus, nosso Pai, ganha mérito aos olhos de Sua Divina Majestade. Em segundo, que, ao isolar-se, não divide sua atenção com outros assuntos, mas, concentra-a toda num único objetivo, a saber, servir ao Criador e beneficiar sua alma. O terceiro: quanto mais a alma mergulha em si própria, mais fácil fica de ela se aproximar do Criador. E, quanto mais se aproxima Dele, mais graças e dádivas recebe de Sua Divina e Soberana Bondade.

Capítulo 2

Pressuposto

Os Exercícios Espirituais objetivam ajudar a pessoa a conquistar a si mesma e a ordenar a própria vida, sem se deixar levar por tendências desordenadas.
Para que se ajudem, tanto quem ministra os Exercícios Espirituais quanto quem os recebe, é necessário pressupor que todo bom cristão deve estar mais disposto a salvar a afirmação do seu próximo do que a condená-la. Não podendo salvá-la, pergunte como a pessoa a entende. Se a entende mal, corrija-a com amor. Se isso não bastar, recorra a todos os meios convenientes para que, entendendo-a bem, ela seja salva.

Capítulo 3

Princípios e Fundamentos

O ser humano é criado para louvar, reverenciar e servir a Deus, nosso Senhor e, assim, salvar-se.

As outras coisas na face da Terra são criadas para o ser humano, para o ajudarem a atingir o fim para o qual é criado.

Daí se segue que ele deve usar as coisas tanto quanto elas o ajudam para conseguir o seu fim, e privar-se delas tanto quanto o impedem.

Por isso é necessário fazer-nos indiferentes a todas as coisas criadas, em tudo o que é permitido à nossa livre vontade e não lhe é proibido.

De tal maneira que, da nossa parte, não queiramos mais saúde que enfermidade, riqueza que pobreza, honra que desonra, vida longa que vida breve, e assim por diante em tudo o mais, desejando e escolhendo apenas aquilo que mais nos conduz ao fim para o qual fomos criados.

Capítulo 4

Primeira Semana

Exame particular e diário

O ser executado em três etapas, duas das quais para auto-exame.

A primeira etapa: é pela manhã, imediatamente após levantar-se, quando a pessoa deve propor a si mesma resguardar-se diligentemente contra algum defeito ou pecado do qual queira corrigir-se ou emendar-se.

A segunda etapa: é depois da refeição, quando a pessoa deve pedir a Deus, nosso Senhor, aquilo que deseja, isto é, a graça de lembrar quantas vezes caiu naquele pecado ou defeito específicos, e para emendar-se deles no futuro.

Fazer o primeiro auto-exame, perguntando a si mesmo sobre aquilo que quer corrigir ou melhorar. Observar como se comportou em relação ao objetivo proposto desde o momento em que se levantou até o instante presente, hora por hora, ou período por período, marcando na primeira linha do gráfico, indicada por um G maiúsculo, quantas vezes caiu naquele defeito ou pecado. Em seguida, propor emendar-se até o momento do segundo exame.

A terceira etapa: depois da ceia, fazer o segundo auto-exame da mesma forma que o anterior, avaliando hora por hora, começando pelo momento do primeiro exame e continuando até o instante presente, marcando na segunda linha quantas vezes caiu naquele defeito ou pecado.

QUATRO ADIÇÕES PARA LIVRAR-SE RAPIDAMENTE DE UM DEFEITO OU PECADO

Primeira adição: Cada vez que incidir em determinado defeito ou pecado, colocar a mão no peito, lamentando-se por isso. É um gesto que pode ser feito na presença de outras pessoas, sem chamar a atenção.

Segunda adição: Como a primeira linha significa o primeiro auto-exame e a segunda, o seguinte, verificar, à noite, se houve algum progresso de uma linha para a outra, ou seja, do primeiro exame para o segundo.

Terceira adição: Comparar o segundo dia com o primeiro, ou seja, os dois auto-exames do dia com os do dia anterior e ver se foi conseguido algum progresso de um dia para o outro.

Quarta adição: Comparar os resultados de uma semana com os da outra, para verificar se fez algum progresso.

Nota A primeira linha do gráfico, indicada pelo G maiúsculo, refere-se ao domingo, a segunda (indicada pelo G menor), à segunda-feira, a terceira, à terça-feira, e assim por diante.

G _____
g _____
g _____
g _____
g _____
g _____
g _____

Exame geral de consciência para purificar-se e fazer uma confissão melhor

A pessoa deve partir do pressuposto de que há três tipos de pensamentos: o criado por ela, que brotou de sua liberdade de escolha e vontade, e dois outros, que vêm de fora (ou seja, surgem espontaneamente, não por escolha da pessoa): um do bom espírito e o outro do mau espírito.

O pensamento

Há três formas de reagir a um mau pensamento externo:

Primeira forma: O pensamento que impele a pessoa a cometer um pecado mortal toma-a de assalto, mas ela reage imediatamente e o domina.

Segunda forma: O pensamento mau se instala, a pessoa resiste, ele volta à mnte seguidamente e todas as vezes a pessoa resiste a ele, até que o vence. Essa segunda forma é ainda mais meritória do que a primeira.

Terceira forma: O pensamento de cometer um pecado mortal se instala na mente mas não é rejeitado de imediato. A pessoa lhe dá atenção, demorando-se um pouco nele, seja porque implica alguma satisfação sensual ou porque a pessoa é negligente em repeli-lo. A conseqüência é um pecado venil.

Há duas formas de pecar mortalmente:

Primeira forma: Quando a pessoa consente com o mau pensamento, o que pode induzi-la a agir em seguida da forma consentida; ou desejando, se possível, pô-lo em prática.

Segunda forma: Quando age como pensou. Esse é um pecado maior por três razões: primeiro, pela maior duração do pensamento; segundo, pela sua maior intensidade; terceiro, pelo maior dano causado às duas pessoas — a que agiu e a que sofreu a conseqüência da ação.

A PALAVRA

A pessoa não deve jurar nem pelo Criador nem pela criatura, a menos que seja movida pela verdade, necessidade e reverência. Por necessidade entenda-se o juramento de qualquer verdade feito apenas porque essa verdade tem alguma importância para o bem da alma, do corpo ou dos bens materiais. Por reverência entenda-se um juramento que implica pronunciar o nome do Criador e Senhor e que é feito com consideração, de forma a render a Ele a honra e o respeito devidos. Deve-se ressaltar que a pessoa incide em pecado maior quando jura, sem necessidade, pelo Criador, do que quando jura pela criatura. É bem mais difícil jurar com verdade, necessidade e reverência pela criatura do que pelo Criador pelas seguintes razões:

Primeira razão: Ao jurar por alguma criatura, o juramento não é feito com tanta atenção ou precaução como quando realizado em nome de Deus, Criador de todas as coisas.

Segunda razão: Ao jurar pela criatura, a pessoa pode não demonstrar a reverência e o respeito devidos ao Criador, como quando o juramento é feito em Seu nome. Pronunciar o nome do Senhor, nosso Deus, implica mais acatamento do que a invocação do nome de alguma coisa criada. Portanto, é melhor que os perfeitos jurem pela criatura do que os imperfeitos, porque os primeiros, dedicando-se assiduamente à contemplação e à meditação de Deus, nosso Senhor, percebem que Ele está em cada criatura, segundo sua própria essência, presença e poder. Sendo assim, ao jurarem pela criatura, estão mais aptos do que os imperfeitos a demonstrar o acatamento e a reverência para com seu Criador e Senhor.

Terceira razão: Jurar freqüentemente pela criatura pode expor a pessoa ao risco da idolatria, o que é mais comum de acontecer com os imperfeitos do que com os perfeitos.

A pessoa deve evitar dizer palavras ociosas, as que não trazem nenhum proveito para si própria ou para os outros. Não é considerado ocioso falar sobre tudo o que pode beneficiar espiritualmente a si mesmo e a outras pessoas, ou sobre o que é útil ao corpo e aos bens materiais. Também não é considerado ocioso conversar sobre assuntos estranhos à situação de vida da pessoa, como no caso de um religioso que trate de temas como guerra ou comércio.

Nada deve ser dito para ofender o caráter alheio ou para apontar as falhas de outras pessoas. Ao revelar publicamente um pecado mortal, a pessoa peca mortalmente; e, se revela um pecado venial, peca venialmente. Mas, se a intenção for boa, pode-se falar do pecado ou das faltas de outra pessoa de duas formas:

Primeira forma: Quando o pecado for público, caso de prostituição ou de uma sentença dada em juízo; ou quando um erro público pode prejudicar as pessoas com quem falamos.

Segunda forma: Quando o pecado é revelado a alguém que pode ajudar o pecador a se redimir, desde que haja esperança ou razão para tanto.

A OBRA

Considerando os Dez Mandamentos, os preceitos da Igreja e as determinações dos Superiores, tudo o que se praticar contra essas três matérias é pecado, e ele será considerado maior ou menor conforme a sua importância.

Entendam por determinações dos Superiores, por exemplo, as normas da Igreja em favor da paz e as indulgências concedidas aos que se confessam e recebem o Santíssimo Sacramento. Seria considerado pecado grave agir ou levar alguém a agir contra tais exortações e determinações de nossos superiores ou cometer tais atos por si mesmo.

O EXAME GERAL

São cinco os pontos a serem seguidos para fazer o exame geral.

Primeiro ponto: Dar graças a Deus, nosso Senhor, pelos benefícios recebidos.

Segundo ponto: Pedir a graça de reconhecer os próprios pecados e superá-los.

Terceiro ponto: Avaliar-se, desde o momento em que levanta até o momento do exame, hora por hora, ou período por período, analisando os pensamentos, palavras e atos, na mesma ordem mencionada no exame particular.

Quarto ponto: Pedir perdão a Deus, nosso Senhor, pelas suas faltas.

Quinto ponto: Fazer o propósito de se emendar com a ajuda de Deus. Rezar um *Pai-Nosso*.

CONFISSÃO GERAL E COMUNHÃO

Quem quiser voluntariamente fazer a confissão geral, encontrará nessa prática três vantagens, entre muitas outras.

Primeira: Quem se confessa todos os anos não está obrigado a fazer a confissão geral. Mas, se o fizer, conseguirá maior aproveitamento e mérito, porque agora experimenta mais tristeza ao avaliar seus pecados e fraquezas.

Segunda: O praticante dos Exercícios Espirituais adquire maior compreensão dos pecados e da sua malícia, e isso o leva a tirar melhor proveito da confissão.

Terceira: Ao fazer uma confissão melhor, a pessoa sentir-se-á bem preparada e mais disposta a receber o Santíssimo Sacramento. A comunhão, por sua vez, não somente ajuda para que a pessoa não caia em pecado, como também preserva as graças por ela recebidas.

Nota: É indicado fazer a confissão geral imediatamente após os exercícios da Primeira Semana.

Primeiro exercício

Meditação com as três potências (memória, inteligência e vontade) sobre o primeiro, segundo e terceiro pecados.
Este exercício compõe-se de uma oração preparatória, duas introduções, três pontos principais e um colóquio.

Oração preparatória: Consiste em pedir a Deus, nosso Senhor, a graça de fazer com que todas as intenções, ações e operações sejam conduzidas unicamente para o serviço e louvor de Sua Divina Majestade.

Primeira introdução: É a visualização mental (composição) do local onde transcorre a ação. É preciso destacar que na contemplação ou na meditação sobre realidades visíveis — como, por exemplo, quando a pessoa contempla a figura de Cristo, nosso Senhor, do qual já tem uma imagem formada — a composição consistirá em "ver", com os olhos da imaginação, o lugar físico onde se encontra Jesus ou Nossa Senhora no episódio sobre o qual ela quer refletir, caso de um templo ou uma montanha.

Quando o tema da contemplação ou da meditação trata de realidades não concretas, como os pecados, por exemplo, a composição consistirá em criar, com os olhos da imaginação, uma situação que tenha relação com o assunto. No caso dos pecados, pode ser a pessoa num vale, cercada de animais ferozes.

Segunda introdução: Pedir a Deus, nosso Senhor, aquilo que quer e deseja. O pedido deve estar de acordo com o conteúdo do assunto. Isto é, se a contemplação é na Ressurreição, a pessoa deve pedir pela alegria em Cristo ressurrecto; se é na Paixão, pedir pela dor, pelas lágrimas e sofrimentos sentidos por Cristo. Aqui devem ser pedidos, também, vergonha e confusão para si próprio, vendo quanta gente foi condenada por um só pecado mortal e quantas vezes a pessoa mereceu ser condenada para sempre por seus muitos pecados.

Nota: Antes de todas as contemplações e meditações, deve ser feita sempre a Oração Preparatória, sem alterá-la. Também devem ser feitas as duas introduções anteriormente indicadas, alterando-as de acordo com o conteúdo do tema.

Primeiro ponto: Lembrar do primeiro pecado, aquele dos Anjos. Aplicar, então, a inteligência para refletir sobre o assunto, depois a vontade, de modo a recordar e compreender tudo, para ficar mais envergonhado e confuso, comparando um só pecado dos anjos com os seus muitos pecados. Eles, por um único pecado, foram para o Inferno; destino merecido também pelo praticante, por causa de seus muitos pecados.

Trazer à memória o pecado dos Anjos é recordar como esses seres, criados na graça, não usaram sua liberdade para reverenciar e obedecer seu Criador e Senhor; ao contrário, deixaram-se levar pelo orgulho, pela malícia, o que resultou na sua expulsão do Céu para o Inferno. Aplicar a inteligência para refletir detalhadamente sobre o assunto e despertar, pela vontade, os sentimentos a ele relacionados.

Segundo ponto: Fazer o mesmo, isto é, aplicar as três potências (memória, inteligência e vontade) ao pecado de Adão e Eva. Lembrar-se de que, por conta daquele pecado, os dois tiveram de se penitenciar, e o quanto de corrupção atraíram para a raça humana, arrebatando tantas pessoas para o Inferno.

Trazer à memória o segundo pecado, dos nossos primeiros pais. Recordar como Adão, após ter sido criado no jardim do Éden, foi colocado no Paraíso. Recordar como Eva, criada a partir de sua costela, foi proibida de comer da Árvore do Conhecimento, mas, desobediente, induziu Adão a fazê-lo e por isso, os dois pecaram. Então, envergonhados de sua nudez e vestidos com túnicas de peles de animais, foram expulsos do Paraíso. Viveram o resto de suas vidas sem a justiça original que haviam perdido, passando por muitos sofrimentos. Aplicar a inteligência para refletir sobre o episódio e conseguir uma compreensão mais detalhada dele. Depois, usar a vontade para despertar sentimentos a ele relacionados, como explicado anteriormente.

Terceiro ponto: Aplicar as três potências agora ao terceiro pecado particular, que conduz ao Inferno qualquer pessoa que cometa um pecado mortal. Lembrar das muitas pessoas condenadas a essa sina por menos pecados dos que os seus. Trazer à memória o terceiro pecado particular, lembrando principalmente da sua gravidade e malícia contra o Criador e Senhor. Aplicar a inteligência para compreender que pecar e agir contra o Bem Infinito pode nos condenar por toda a eternidade. Terminar aplicando a vontade, como explicado anteriormente.

Colóquio: Imaginar-se diante de Cristo, nosso Senhor, pregado na Cruz, e conversar com Ele: como Ele de Criador se fez homem, da vida eterna chegou à morte temporal, para morrer pelos pecados do praticante. Em seguida, olhar para si mesmo, perguntar o que tem feito por Cristo, o que faz por Cristo e o que deve fazer por Cristo. Visualizando o Cristo suspenso na cruz, refletir sobre o que vier à mente.

O colóquio se faz como uma conversa entre amigos, ou como um servo falando com seu senhor, às vezes pedindo alguma graça, outras admitindo culpa por algum deslize, ou ainda discorrendo sobre algum problema e pedindo conselho. Finalizar com a oração do Pai-Nosso.

Segundo exercício

Meditação sobre os pecados

Este exercício compõe-se de uma oração preparatória, duas introduções, cinco pontos e um colóquio.

Oração preparatória
A mesma do primeiro exercício.

Primeira introdução: Igual à do primeiro exercício (composição).

Segunda introdução: Pedir o que quer: neste caso, uma grande e intensa dor (não a dor da auto-acusação, que não é libertadora, mas a dor do reconhecimento dos danos causados a quem não os merecia) e lágrimas pelos pecados cometidos.

Primeiro ponto: Dizer ou trazer à memória todos os pecados da vida, examinado-os ano a ano, ou período a período. Para tanto, três coisas podem ajudar: 1) lembrar-se da casa e do lugar onde morou; 2) lembrar-se dos relacionamentos que teve com outras pessoas; 3) lembrar-se das suas ocupações e empregos.

Segundo ponto: Avaliar o peso dos pecados, olhando para a infâmia e a malignidade contidas em cada pecado mortal cometido.

Terceiro ponto: Olhar para si mesmo, depreciando-se por meio de comparações:

- O que sou eu, comparado com todas as pessoas?
- O que são os seres humanos, comparados com os anjos e santos do Paraíso?
- O que é a criação inteira diante de Deus? E eu, sozinho, o que posso ser?
- Encarar a feiúra corporal e a própria corrupção.
- Olhar-se como uma chaga ou tumor, de onde vertem pecados, iniqüidades e um veneno desprezível.

Quarto ponto: Considerar quem é Deus, contra quem pecou; seus atributos, comparando-os com os contrários em si próprio — Sua Sabedoria com a própria ignorância; Sua Onipresença com a própria fraqueza; Sua Justiça com a própria iniqüidade; Sua Bondade com a própria malignidade.

Quinto ponto: Soltar uma exclamação admirativa, com intenso sentimento de afeto, por todas as criaturas. Como deixaram que o praticante permanecesse na vida e como o preservam nela. Pensar nos Anjos que, embora sendo a espada da Justiça Divina, sustentam, guardam e rezam pelo praticante; nos Santos, como se empenharam em interceder e rogar por ele; no céu, no sol, nas estrelas e nos elementos, nas frutas, pássaros, peixes e animais — e na Terra, por não ter-se aberto e tragado o praticante para dentro dela, criando novos Infernos onde ele sofreria para sempre!

Colóquio: Finalizar com um colóquio sobre a misericórdia, ponderando e agradecendo a Deus, nosso Senhor, por ter permitido ao praticante viver até agora e propondo emendar-se, no futuro, com a sua graça. Rezar um Pai-Nosso.

Terceiro exercício

Repetição do primeiro e do segundo exercícios, fazendo três colóquios.

Após a oração preparatória e duas introduções, repetir o Primeiro e o segundo exercícios, detendo-se nos pontos em que sentir maior consolação (alívio) ou desolação (aflição), ou sentimento espiritual. Depois disso, fazer três colóquios da seguinte maneira:

Primeiro colóquio: Dirigido a Nossa Senhora, para que ela consiga, junto ao Seu Filho, a graça para três coisas: 1) conhecimento interior dos próprios pecados e aversão por eles; 2) sentir o desacerto das próprias ações, para que, odiando-as, possa corrigir-se e colocar a vida em ordem; 3) pedir real conhecimento do mundo para que, detestando-o, afaste-se de suas vaidades e futilidades. Rezar uma Ave-Maria.

Segundo colóquio: A mesma coisa do Primeiro Colóquio, mas, agora, dirigido ao Filho, implorando a Ele que interceda junto ao Pai para conceder a graça pedida. Rezar Alma de Cristo.

Terceiro colóquio: A mesma coisa do Primeiro Colóquio, dirigindo-se, agora, diretamente ao Pai, para que o Eterno Senhor, ele próprio, conceda o que foi pedido. Rezar um Pai-Nosso.

Quarto exercício

Resumo do terceiro exercício.

Direcionar a inteligência para que ela, sem divagar, percorra cuidadosamente o que recorda das coisas contempladas nos exercícios anteriores. Finalizar fazendo os mesmos três colóquios.

Quinto exercício

Meditação sobre o Inferno
Este exercício compõe-se de uma oração preparatória, duas introduções, cinco pontos e um colóquio.

Oração preparatória
A mesma dos exercícios anteriores.

Primeira introdução: Composição mental da extensão, amplitude e profundidade do Inferno.

Segunda introdução: Pedir o que deseja: nesse caso, a sensação íntima de dor que os condenados ao Inferno sofrem, para que se, por suas faltas, o praticante chegar a esquecer o amor do Senhor Eterno, o temor dos sofrimentos ajude-o a não cair em pecado.

Primeiro ponto: Visualizar, com os olhos da imaginação, as chamas do Inferno e as almas como corpos incandescentes.

Segundo ponto: Aplicar mentalmente os ouvidos aos sons dos gemidos, uivos, do choro e das blasfêmias contra Cristo, nosso Senhor, e contra todos os seus santos.

Terceiro ponto: Aplicar mentalmente o olfato para sentir o cheiro da fumaça, do enxofre, dos resíduos, das coisas pútridas.

Quarto ponto: Aplicar mentalmente o paladar para sentir o sabor de coisas amargas, como lágrimas, tristeza e o verme da consciência.

Quinto ponto: Aplicar mentalmente o tato para sentir como o fogo atinge e queima os condenados ao Inferno.

Colóquio: Com Cristo, nosso Senhor, trazendo à memória as pessoas que estão no Inferno; umas, porque não creram na sua vinda; outras, porque, embora acreditassem, não agiram de acordo com seus mandamentos. Fazer isso em três situações: 1) antes da vinda do Cristo; 2) durante Sua vida; 3) após Sua passagem por este mundo. Agradecer a Cristo por Ele não ter deixado que o praticante caísse em nenhuma dessas três situações, dando fim à vida. Dar-lhe graças por tanta piedade e misericórdia. Rezar um Pai-Nosso.

Nota: O primeiro exercício deve ser feito à meia-noite; o segundo, imediatamente após levantar-se de manhã; o terceiro, antes ou depois da missa, contanto que seja antes de alimentar-se; o quarto, na hora das vésperas; o quinto, uma hora antes da ceia. Esse esquema de horário deve ser seguido, o mais fielmente possível, durante as quatro semanas de exercícios, levando em consideração a idade, a disposição e as condições físicas do praticante e avaliando se essas condições lhe permitem praticar todos os cinco exercícios, ou menos.

Capítulo 5

Adições

Orientações para praticar melhor os exercícios e descobrir o que se deseja. A finalidade das adições é criar uma atmosfera de recolhimento, de vigilância, de oração, para que o praticante possa dirigir sua atenção apenas a Deus e às iluminações e inspirações que receberá dos céus.

Primeira adição: Após deitar-se, e antes de adormecer, pensar, num período de tempo equivalente ao de uma Ave-Maria, na hora em que pretende acordar no dia seguinte e para quê, resumindo mentalmente o exercício que praticará.

Segunda adição: Ao despertar, não permitir que qualquer pensamento se instale na mente, dirigindo a atenção imediatamente para aquilo que irá contemplar no primeiro exercício. Envergonhar-se dos numerosos pecados. Recorrer a exemplos para sentir-se na situação real, angustiante e desesperadora de pecador. O praticante pode imaginar-se como um fidalgo colocado diante de seu rei e de toda a corte, envergonhado e confuso por haver ofendido sua majestade, justamente aquele de quem recebeu tantos presentes e favores. No segundo exercício, imaginar-se, por exemplo, como um grande pecador que, acorrentado e algemado, vai comparecer perante o Supremo Juiz da Eternidade. Deixar-se impregnar por essas imagens mentais enquanto se veste.

Terceira adição: A um ou dois passos do local onde será feita a contemplação ou a meditação, o praticante deve ficar de pé, e pelo período de tempo de um Pai-Nosso elevar o pensamento para o alto, considerando que Deus, nosso Senhor, está olhando para ele. Fazer uma reverência ou adotar uma postura de humildade.

Quarta adição: Entrar em contemplação de joelhos, ora prostrado no chão, ora deitado com o rosto voltado para o alto. O exercício pode ser feito também sentado ou de pé, sempre com o objetivo de perseguir o que se deseja. Ficar atento a duas coisas: 1) se encontrar o que deseja quando estiver ajoelhado, ou prostrado, não mudar de postura; 2) Deter-se nessa postura sem pressa de passar adiante, até sentir-se satisfeito.

Quinta adição: Terminado o exercício e, por aproximadamente uns quinze minutos, sentado, ou caminhando devagar, avaliar como foi a contemplação ou a meditação. Se considerada ruim, tentar encontrar a causa desse resultado e, ao descobri-la, lamentar-se, visando corrigir-se no futuro. Se o resultado foi considerado bom, agradecer a Deus, nosso Senhor, e esforçar-se por repeti-lo numa próxima vez.

Sexta adição: Não pensar em coisas agradáveis ou alegres, tais como a glória celestial ou a ressurreição, porque tais pensamentos impedem que a pessoa sinta dor e pesar, e chore pelos pecados cometidos. O praticante deve ater-se ao desejo de afligir-se e sentir pesar, lembrando-se da morte e do juízo.

Sétima adição: Com o mesmo propósito, abster-se de toda luz, fechando cortinas e portas enquanto estiver no quarto, a não ser para rezar, ler ou comer.

Oitava adição: Não rir ou dizer qualquer coisa que provoque o riso.

Nona adição: Refrear o olhar, exceto para receber ou despedir-se da pessoa com quem tiver de falar.

Décima adição: Fazer penitência, que pode ser interna e externa. A penitência interna é lamentar-se pelos pecados cometidos, com o firme propósito de não repeti-los. A externa, derivada da primeira, consiste em castigar-se pelos pecados cometidos, o que deve ser feito de três formas:

1) *Alimentação:* Lembrar que deixar de comer o supérfluo não é penitência e, sim, temperança. Penitência é privar-se do que é conveniente e, quanto mais isso for feito, melhor, tomando o cuidado de não comprometer o organismo ou adoecer.

2) *Sono:* Penitência, neste caso, não é só abrir mão do conforto para dormir, e sim abdicar do que é conveniente, tendo o cuidado de não comprometer o organismo ou adoecer. Não é indicado privar-se totalmente do sono, mas, se a pessoa tem o vício de dormir demais, pode reduzir o tempo de sono.

3) *Castigos físicos:* Flagelar o corpo, isto é, causar-lhe sensível dor, o que se consegue usando vestes de tecido grosseiro, cordas ou arame atados à carne, chicoteando-se ou ferindo-se, ou usando outros métodos austeros de flagelação.

Notas: O mais adequado e seguro no caso de flagelação do corpo é não permitir que a dor atinja os ossos, porque o objetivo não é causar enfermidades. O melhor é flagelar-se com um chicote de cerdas finas, para não correr o risco de machucar-se gravemente.
Primeira — As penitências externas são realizadas com três finalidades:
1) Conseguir a reparação pelos pecados cometidos;
2) Exercitar o autodomínio, ou seja, fazer a sensualidade obedecer à razão e todas as tendências inferiores às superiores;
3) Procurar e alcançar alguma graça ou dom, como arrependimento pelos pecados, chorar muito por causa deles, vivenciar as dores e o sofrimento vividos por Cristo, nosso Senhor, durante a Paixão, ou ainda para obter resposta a alguma dúvida.
Segunda — A primeira e a segunda adições devem ser observadas nos exercícios da meia-noite e do amanhecer, não em outros horários. A quarta adição não deve nunca ser feita na igreja, na presença de outras pessoas, apenas na privacidade da casa ou em lugar isolado.
Terceira — Quando o praticante não encontrou ainda o que deseja —, como lágrimas, consolação, etc. tentar mudar o regime alimentar, de sono e outras maneiras de fazer penitência. Alternar dois ou três dias com penitência, com dois ou três sem penitência. Isso porque, para algumas pessoas, é mais conveniente passar por mais penitências do que para outras, e também porque, muitas vezes, o praticante deixa de fazer peni-

tência por causa do amor sensual e por pensar, erradamente, que o organismo humano não será capaz de suportá-las sem adoecer. Outras vezes ocorre o contrário: o praticante faz penitências demais, acreditando que o corpo será capaz de suportá-las. Como Deus, nosso Senhor, conhece a natureza humana infinitamente melhor do que nós, Ele geralmente permite que cada um perceba o que é melhor para si.

Quarta — O exame particular deve ser feito para livrar-se dos defeitos e negligências na prática dos exercícios e adições. Não deixar de aplicá-lo nas Segunda, Terceira e Quarta Semanas.

Capítulo 6

Segunda Semana

O chamado do rei temporal ajuda a contemplar a vida do rei eterno.

Oração preparatória
Como citada anteriormente.

Primeira introdução: Visualizar mentalmente (*composição*) as sinagogas, aldeias e cidades nas quais pregava Cristo, nosso Senhor.

Segunda introdução: Pedir a graça que deseja. Neste caso, não ficar surdo ao chamado de Nosso Senhor, mas disposto a satisfazer sua Sagrada Vontade.

Primeiro ponto: Imaginar-se diante de um rei humano escolhido por Deus, nosso Senhor, a quem reverenciam e obedecem todos os príncipes e homens cristãos.

Segundo ponto: Observar como esse rei fala a seu povo: "É minha vontade conquistar toda a terra dos inimigos. Quem quiser vir comigo terá de contentar-se em comer o que eu como, beber o que eu bebo e vestir-se como eu me visto. Do mesmo modo, terá de trabalhar como eu durante o dia e vigiar à noite, a fim de que tenha depois parte comigo na vitória, como a teve nas tarefas."

Terceiro ponto: Considerar o que os bons súditos devem responder a um rei assim tão liberal e bondoso. E, ao contrário, quanto seria digno de ser censurado por todos e tido por perverso o cavaleiro que não respondesse ao apelo desse rei.

Parte dois

Aplicar o exemplo do rei humano a Cristo, nosso Senhor, da forma mencionada abaixo, em três pontos.

Primeiro ponto: Se julgar digna a convocação desse rei, será ainda muito mais importante considerar o chamado de Cristo, nosso Senhor, Rei Eterno, ao mundo colocado diante de si e a todos e a cada um em particular: "É de minha Vontade conquistar o mundo inteiro e todos os inimigos, e assim alcançar a glória de Meu Pai; portanto, quem desejar me acompanhar terá de trabalhar ao meu lado e seguir-me no sofrimento, para que, tendo me seguido na luta, também possa me seguir na glória."

Segundo ponto: Considerar que todos aqueles que têm razão e juízo se oferecerão inteiramente para esse trabalho.

Terceiro ponto: Os que quiserem distinguir-se no serviço de seu Rei Eterno e Senhor universal, não apenas se oferecerão para esse trabalho, como também, agindo contra a própria sensualidade e o amor mundano e carnal, farão oferendas de maior valor e de maior importância dizendo:

"Senhor Eterno de todas as coisas, ofereço-me, com sua graça e ajuda, diante de vossa Infinita Bondade, de vossa Gloriosa Mãe e de todos os Santos de sua corte celestial. Quero e desejo, e é minha determinação, desde que seja para maior glória e louvor, imitar-vos para suportar todos os sofrimentos e abusos e toda a pobreza — espiritual e material — se Vossa Santíssima Majestade me quiser escolher e receber nesta vida e estado."

Notas:
Primeira — Este exercício deve ser feito duas vezes ao dia; de manhã, ao se levantar, e uma hora antes do almoço ou da última refeição da noite.
Segunda — A partir da Segunda Semana, é recomendado ler, nos intervalos dos exercícios, livros como *A Imitação de Cristo*, os *Evangelhos* ou obras sobre a vida dos santos.

Capítulo 7

Contemplação da Encarnação

O primeiro dia e a primeira contemplação têm como tema a Encarnação. O exercício compõe-se de oração preparatória, três introduções, três pontos e um colóquio.

Oração preparatória
Como citada anteriormente.

Primeira introdução: Lembrar a história da contemplação: as três pessoas divinas olhando para o mundo cheio de pessoas e, vendo que estavam todas se encaminhando para o Inferno, determinam que a segunda pessoa se faça homem para salvar a humanidade. Chegado o tempo correto, o anjo Gabriel é enviado para anunciar a chegada da criança a Nossa Senhora.

Segunda introdução: Visualizar mentalmente (composição) todo o globo terrestre e as populações dos diversos países. Em seguida, focar na casa e nos aposentos de Nossa Senhora na cidade de Nazaré, província da Galiléia.

Terceira introdução: Pedir o que deseja: conhecimento interno do Senhor, que, por nós, se tornou homem, para que o amemos e o sigamos.

Nota: Convém lembrar que, nesta semana e nas seguintes, a oração preparatória deve ser feita sempre do modo como explicado anteriormente. Já as introduções podem mudar de acordo com o tema proposto para a semana.

Primeiro ponto

1) Visualizar mentalmente as diferentes pessoas do mundo, em sua diversidade de trajes e fisionomias; umas brancas, negras; umas em paz, outras em guerra; umas chorando, outras rindo; algumas saudáveis, outras doentes; umas nascendo, outras morrendo.

2) Visualizar mentalmente as Três Pessoas Divinas entronizadas em Sua Divina Majestade, olhando para o planeta, e todas as pessoas que, vivendo em total cegueira, morrem e descem ao Inferno.

3) Visualizar mentalmente Nossa Senhora e o Anjo que a saúda, e refletir para tirar proveito dessa visualização.

Segundo ponto

Aplicar mentalmente a audição para ouvir o que as pessoas da Terra estão dizendo, como falam umas com as outras, como juram e blasfemam, etc. Do mesmo modo, tentar ouvir o que dizem as pessoas divinas: "Vamos trabalhar na redenção da raça humana." Depois, como falam o Anjo e Nossa Senhora. Refletir sobre isso de modo a tirar proveito de suas palavras.

Terceiro ponto

Aplicar mentalmente a visão para olhar o que fazem as pessoas da Terra: matar, ferir, ir para o Inferno. Do mesmo modo, as Pessoas Divinas preparando a mais sagrada das encarnações. O que o Anjo e Nossa Senhora estão fazendo, a saber, o Anjo executando seu serviço de embaixador e Nossa Senhora aceitando humildemente sua determinação e agradecendo à Divina Majestade. Refletir de forma a tirar proveito de cada uma dessas cenas.

Colóquio

Fazer um colóquio no final, pensando no que dizer às Três Pessoas Divinas ou ao Verbo Eterno encarnado, ou à Nossa Mãe e Senhora. Pedir para mais seguir e imitar Nosso Senhor recém- encarnado. Rezar um Pai-Nosso.

A segunda contemplação

O tema é a natividade

Oração preparatória
Como citada anteriormente.

Primeira introdução: A história: Nossa Senhora sai de Nazaré, no nono mês de gestação, montada num burrico e acompanhada por José e por uma ama, levando com ela uma vaca, para ir até Belém pagar o tributo a César, imposto em todas aquelas terras.

Segunda introdução: Visualizar mentalmente a estrada de Nazaré a Belém, avaliar sua extensão e largura, seu traçado, se era plana ou serpenteava por vales e colinas. Do mesmo modo, visualizar a gruta da natividade, suas dimensões, altura, profundidade, e como foi preparada para abrigar as pessoas que chegavam.

Terceira introdução: A mesma da contemplação anterior.

Primeiro ponto: Aplicar mentalmente a visão para ver Nossa Senhora, José, a serva e Jesus recém-nascido. Imaginar-se como uma pobre e humilde criatura a serviço deles, olhando-os, servindo-os em suas necessidades, com o máximo de respeito e reverência, como se estivesse ali pessoalmente. Refletir sobre essa situação de modo a tirar dela o maior proveito.

Segundo ponto: Aplicar mentalmente a audição para ouvir o que estão dizendo e refletir sobre isso.

Terceiro ponto: Observar o que fazem aquelas pessoas, como andam, como trabalham. Lembrar que o Senhor nasceu na maior pobreza e, depois de cumprir as tão árduas tarefas a que se propôs, passando fome, sede, calor e frio, sofrimentos e afrontas, morre na cruz. E tudo isso por nós. Refletir sobre esse tema para tirar dele o melhor proveito espiritual.

Colóquio: Finalizar com um colóquio, como na contemplação anterior, e com um Pai-Nosso.

A TERCEIRA CONTEMPLAÇÃO

Repetição do primeiro e do segundo exercícios.

Após a oração preparatória e as três introduções, repetir o primeiro e o segundo exercícios, prestando atenção aos pontos nos quais sentiu alguma consolação ou desolação. Terminar com um colóquio e com um Pai-Nosso.

Nesta repetição e em todas as seguintes, respeitar a mesma ordem dos procedimentos como indicada na Primeira Semana, mudando o assunto, mas mantendo o formato.

A QUARTA CONTEMPLAÇÃO

Repetição do primeiro e do segundo exercícios.
Respeitar as orientações do item acima.

A QUINTA CONTEMPLAÇÃO

Aplicação dos sentidos à primeira e à segunda contemplações. Após a oração preparatória e as três introduções, repassar mentalmente os cinco sentidos pela primeira e segunda contemplações, da seguinte maneira:

Primeiro ponto: "Ver" as pessoas na situação imaginada, nos mínimos detalhes, meditando e contemplando e tentando tirar o máximo de proveito dessa visualização.

Segundo ponto: "Ouvir" o que elas estão falando, ou poderiam falar, refletindo sobre si mesmo, para tirar proveito disso.

Terceiro ponto: "Sentir" com o olfato e o paladar a infinita fragrância doçura da Divindade, da alma e de suas virtudes. Refletir sobre isso visando tirar o máximo de proveito.

Quarto ponto: "Tocar" os lugares onde essas pessoas pisaram, sempre visando tirar proveito disso.

Colóquio: Finalizar com um dos colóquios indicados na primeira e na segunda contemplações e com um Pai-Nosso.

Notas:
Primeira — Nesta semana e nas que seguem, ler apenas o mistério da contemplação que será feito logo em seguida. Não ler nenhum outro que não vai ser considerado naquele dia ou naquela hora, para evitar que um mistério atrapalhe a contemplação do outro.
Segunda — O primeiro exercício, da Encarnação, deve ser feito à meia-noite; o segundo, ao amanhecer; o terceiro, antes da missa; o quarto, antes das vésperas; o quinto, antes da refeição da noite. Permanecer por uma hora em cada um dos cinco exercícios. Proceder do mesmo modo no que se segue.
Terceira — Convém destacar que, se o praticante for idoso ou fraco, em termos de saúde, ou que, embora forte, tenha ficado de alguma forma mais debilitado na Primeira Semana de práticas, melhor que na Segunda Semana, pelo menos algumas vezes, ele não se levante à meia-noite. Que faça uma contemplação pela manhã, outra antes da missa, e outra antes do almoço. Repetir tudo isso antes das vésperas e praticar a aplicação dos sentidos antes da refeição da noite.
Quarta — Fora as dez adições que foram mencionadas na Primeira Semana, nesta Segunda Semana, a segunda, a sexta, a sétima e parte da décima adição serão alteradas.
1) Segunda adição: imediatamente após levantar, lembrar-se da contemplação que vai ser feita, desejando conhecer melhor o Verbo Eterno encarnado, para mais servi-lo e seguir.
2) Sexta adição: tentar trazer freqüentemente à memória a vida e os mistérios do Cristo, nosso Senhor, da sua encarnação até o lugar ou mistério que se propôs contemplar.
3) Sétima adição: fazer uso de escuridão ou luz, de bom ou mau tempo, de acordo com o que considere útil para achar o que deseja.
4) Décima adição: proceder de acordo com o mistério que está contemplando, porque alguns demandam penitência, outros não.
Todas as dez adições devem ser feitas com grande cuidado.
Quinta — Em todos os exercícios, exceto naquele da meia-noite e no da manhã, o equivalente à segunda adição deve ser realizado da seguinte forma: Quando chegar a hora, antes de começar o exercício, ter presente

aonde vai e diante de quem estará na sua visualização, resumindo mentalmente o exercício a ser feito. Depois, fazer a terceira adição e só então entrar no exercício.

SEGUNDO DIA

Para a primeira e a segunda contemplações, tomar o episódio da Apresentação no Templo e a Fuga do Egito, e então fazer as duas repetições e a aplicação dos cinco sentidos.

Nota: Se a pessoa se sentir bem-disposta, pode mudar do segundo para o quarto dia, para tentar buscar o que deseja. Fazer então só uma contemplação ao amanhecer e outra antes da missa, repetindo tudo antes das vésperas e aplicando os sentidos antes da refeição da noite.

TERCEIRO DIA

Contemplar como o menino Jesus era obediente a seus pais em Nazaré, e depois como eles o encontraram no Templo. Fazer as duas repetições e aplicar os cinco sentidos.

QUARTO DIA

Meditação em dois modelos

Um em Cristo, nosso chefe supremo e Senhor; o outro em Lúcifer, inimigo mortal da nossa natureza humana.

Oração preparatória
A oração preparatória já indicada.

Primeira introdução: A narrativa de como Cristo nos chama e nos quer sobre o seu modelo; e Lúcifer, o contrário, sobre o seu.

Segunda introdução: Composição visual do local. Visualizar um grande campo na região de Jerusalém, do qual o comandante supremo do Bem é Cristo, nosso Senhor; e outro campo, na região da Babilônia, do qual o comandante inimigo é Lúcifer.

Terceira introdução: Pedir o que deseja: conhecimento sobre a maneira enganosa de atuação do mau comandante e ajuda para se proteger contra ela, e conhecimento da vida verdadeira que o supremo e verdadeiro capitão nos aponta e a graça de imitá-lo.

Primeiro ponto: Imaginar o chefe das legiões do mal sentado naquele grande campo da Babilônia, num grande trono de fogo e fumaça, com aparência horrível e assustadora.

Segundo ponto: Considerar como ele exorta seus inúmeros demônios e como os espalha pelas cidades e pelo mundo, sem esquecer nenhuma província, local, estado e nenhuma pessoa em particular.

Terceiro ponto: Considerar o discurso que ele lhes faz e como os exorta a lançar redes e correntes; que eles primeiro têm de tentar com o desejo por riquezas — como ele próprio costuma fazer na maioria das vezes — que os homens mais facilmente se apeguem às coisas vãs do mundo e a uma grande soberba. De modo que o primeiro degrau seja o das riquezas, o segundo da honra, o terceiro do orgulho e, a partir desses, para todos os outros vícios.

De modo contrário, imaginar a atuação do verdadeiro comandante, que é Cristo, nosso Senhor.

Primeiro ponto: Considerar Cristo, nosso Senhor, colocando-se no campo da região de Jerusalém, num local tranqüilo e belo.

Segundo ponto: Considerar como o Senhor do mundo escolhe tantas pessoas — apóstolos, discípulos, etc. — e as envia pelo mundo para divulgar sua sagrada doutrina em todos os países e para pessoas de todas as condições.

Terceiro ponto: Considerar o discurso que Cristo, nosso Senhor, faz para todos os seus seguidores e amigos que envia nessas expedições, recomendando-os a ajudar a todos, trazendo-os primeiro à mais elevada pobreza espiritual e — se sua Divina Majestade for servida e quiser escolhê-los — não menos à **pobreza material**. Segundo, despertando nas pessoas o desejo por afrontas e desprezos, porque é daí que brota a humildade. Portanto, são três os estágios: pobreza contra riqueza; afrontas e desprezo contra honras mundanas; humildade contra orgulho. A partir desses três estágios, induzir as pessoas às outras virtudes.

Primeiro colóquio: Com Nossa Senhora, para que ela me consiga a graça, junto a seu filho e Senhor, de eu refletir seu modelo: e primeiro na mais elevada pobreza espiritual e — se sua Divina Majestade for servida e quiser me escolher e receber — não menos na pobreza material; segundo, ao sofrer afrontas e injúrias para mais imitar Cristo nisso, se apenas eu puder sofrê-los sem pecado de nenhuma pessoa ou desagrado de sua Divina Majestade. Finalizar rezando uma Ave-Maria.

Segundo colóquio: Pedirei o mesmo ao Filho, para que Ele me consiga essas graças junto ao Pai. Rezar a Alma de Cristo.

Terceiro colóquio: Pedir o mesmo ao Pai, para que Ele me conceda tais graças. Rezar um Pai-Nosso.

Nota: Este exercício deve ser feito à meia-noite e então uma segunda vez pela manhã, e duas vezes repetido na hora da missa e das vésperas, sempre terminando com os três colóquios dirigidos a Nossa Senhora, ao Filho, ao Pai e aquele do tipo de pessoas que segue, uma hora antes da ceia.

Capítulo 8

Introdução para Considerar os Estados

J á foi considerado, para o primeiro estado, o exemplo que Cristo, nosso Senhor, nos deu quanto à observância dos mandamentos, ao viver obediente aos pais.
- Vimos, igualmente, o exemplo para o segundo estado — o da perfeição evangélica — quando Jesus permaneceu no templo, deixando seu pai de criação e sua mãe natural, para dedicar-se ao serviço do Pai Eterno.
- Começará, agora, o questionamento sobre em qual vida ou estado Sua Divina Majestade deseja ser servido por nós.
- A título de introdução para o primeiro exercício que virá em seguida, ver a intenção de Cristo, nosso Senhor, e o contrário dela, a do inimigo da natureza humana. Refletir sobre o modo de se colocar à disposição para perseguir a perfeição em qualquer estado da vida que Deus, nosso Senhor, der a escolher.

Capítulo 9

Quarto Dia

A meditação das duas bandeiras: A de Cristo, nosso chefe supremo e Senhor; e a de Lúcifer, inimigo mortal da nossa natureza humana. Essa meditação é a transposição dramática das regras de discernimento dos espíritos. As duas bandeiras são as duas dinâmicas que o praticante precisa discernir a fim de que possa aderir somente à que o conduz à identificação com Cristo.

Oração preparatória
A citada anteriormente.

Primeira introdução: A história: como Cristo chama e quer todos sob Sua bandeira. E como age Lúcifer para atrair as pessoas para o seu lado.

Segunda introdução: Visualizar mentalmente o local (composição): um grande campo na região de Jerusalém, no qual Cristo, nosso Senhor, é o comandante supremo dos bons. Outro campo, na região da Babilônia, onde o comandante inimigo é Lúcifer.

Terceira introdução: Pedir o que deseja: conhecimento acerca da maneira enganosa de atuação do mau comandante e ajuda para se proteger dela. Conhecimento da vida verdadeira que o supremo e verdadeiro capitão nos aponta, e a graça de imitá-lo.

Primeiro ponto: Imaginar o chefe das legiões do mal sentado num campo da Babilônia, num grande trono de fogo e fumaça, com aparência horrível e assustadora.

Segundo ponto: Considerar como ele exorta seus inúmeros demônios e como os espalha pelo mundo, sem esquecer nenhuma província, local, estado e pessoa em particular.

Terceiro ponto: Considerar o discurso que ele lhes faz e como os incita a lançar redes e correntes para aprisionar as pessoas; que eles primeiro têm de tentá-las com o desejo por riquezas — como ele próprio costuma fazer na maioria das vezes — para que assim, facilmente, os homens se apeguem às coisas vãs do mundo e daí a uma grande soberba. Tudo de modo que o primeiro degrau seja o das riquezas, o segundo da honra, o terceiro do orgulho. A partir daí, induzir aos outros vícios.

De modo contrário, imaginar a atuação do chefe supremo e verdadeiro, Cristo, nosso Senhor.

Primeiro ponto: Considerar como Cristo, nosso Senhor, se coloca no campo da região de Jerusalém, num local tranqüilo e belo.

Segundo ponto: Considerar como o Senhor escolhe apóstolos, discípulos, etc., e os envia pelo mundo para divulgar sua sagrada doutrina em todos os países, e às pessoas de todas as condições.

Terceiro ponto: Considerar as palavras de Cristo, nosso Senhor, para os seguidores e amigos que envia nessas expedições, recomendando-os a ajudar todas as pessoas, trazendo-as primeiro à mais elevada pobreza espiritual e — se sua Divina Majestade for servida e quiser escolhê-las — não menos à pobreza material. Segundo, despertando nas pessoas o desejo por afrontas e desprezo, porque é daí que brota a humildade. Portanto, são três os estágios: pobreza contra riqueza; afrontas e desprezo contra honras mundanas; humildade contra orgulho. A partir daí, induzir as pessoas às outras virtudes.

Primeiro colóquio: Com Nossa Senhora, para que Ela consiga a graça, junto a Seu filho e Senhor, de o praticante ser recebido sob Sua bandeira. Primeiro, na maior pobreza espiritual e — se Sua Divina Majestade for servida e quiser escolhê-lo e recebê-lo — não menos na pobreza material. Segundo, a graça de passar por afrontas e injúrias para mais imitar Cristo, desde que as possa suportar sem desagrado de Sua Divina Majestade. Finalizar rezando uma Ave-Maria.

Segundo colóquio: Pedir o mesmo ao Filho, para que Ele consiga essas graças junto ao Pai. Rezar a Alma de Cristo.

Terceiro colóquio: Pedir o mesmo ao Pai, para que Ele conceda tais graças. Rezar um Pai-Nosso.

Nota: Este exercício deve ser feito à meia-noite e outra vez de manhã. Fazer as duas repetições antes da hora da missa e das vésperas, sempre terminando com os três colóquios dirigidos a Nossa Senhora, ao Filho, ao Pai. Fazer o exercício seguinte — o dos três tipos de pessoas — antes da refeição da noite.

A MEDITAÇÃO DOS TRÊS TIPOS DE PESSOAS

Fazer a meditação dos três tipos de pessoas, escolhendo a que lhe parecer melhor.

Oração preparatória
A citada anteriormente.

Primeira introdução: A história: Três tipos de pessoas adquiriram uma grande quantia de dinheiro, não única e exclusivamente por amor a Deus. Todos querem salvar-se e encontrar a Deus, nosso Senhor, em paz, livrando-se do peso e dos impedimentos a que se atrelaram por causa do apego ao que adquiriram.

Segunda introdução: Visualizar mentalmente o lugar (composição). Imaginar-se frente a Deus, nosso Senhor, e a todos os seus santos, para desejar e saber o que mais agrada à sua Divina Bondade.

Quarta introdução*: Pedir o que deseja: a graça de escolher o que é mais adequado à glória de Sua Divina Majestade e à salvação de sua alma.

Primeiro tipo: O primeiro grupo de pessoas gostaria de se livrar do apego que tem ao que adquiriu, de forma a encontrar a paz em Deus, nosso Senhor, e se salvar. Só que até a hora da morte, essas pessoas não encontram meios de realizar seu desejo.

Segundo tipo: É o grupo de pessoas que quer livrar-se do apego, mas manter o que conquistou, pedindo a Deus que faça o que elas querem. Não se decidem a abandonar seus bens para ir ao encontro de Deus, embora isso fosse o melhor para elas.

Terceiro tipo: São as pessoas que querem se livrar do apego, mas sem sofrer por querer ou não querer, por manter ou não o que adquiriram, de acordo com a forma que Deus direcionar suas vontades para o que lhe pareça mais adequado ao serviço e louvor de Sua Divina Majestade. Querem acreditar que se livraram de todo o apego, forçando a si mesmas a não querer mais aquelas ou outras coisas, a menos que o serviço a Deus, nosso Senhor, assim o exija. O desejo de servir a Deus, nosso Senhor, move-as a pegar ou abandonar o que querem.

Três colóquios: Os mesmos três da meditação das duas bandeiras.

Nota: Convém ressaltar que, quando sentimos afeto ou repugnância pela pobreza material, não somos indiferentes à pobreza ou à riqueza. Para extinguir essa afeição desordenada, o praticante deve pedir nos três colóquios (embora seja contra a sensualidade) que o Senhor o escolha para a pobreza material, lembrando que o praticante quer, pede e implora somente o que for para o serviço e honra de Sua Divina Bondade.

---

* *N. do E.: No original, não consta a Terceira Introdução.*

Quinto dia

Contemplação da partida de Cristo, nosso Senhor, de Nazaré para o Rio Jordão, e como ele foi batizado (página 101).

Notas:
Primeira — Esta contemplação deve ser feita uma vez à meia-noite, outra de manhã, com duas repetições dela na hora da missa e das vésperas. Aplicar os cinco sentidos antes da refeição da noite. Em cada um destes cinco exercícios, fazer antes a oração preparatória usual e as três introduções, conforme o que foi explicado nas contemplações da Encarnação e da Natividade. Concluir com os três colóquios dos três tipos de pessoas, ou de acordo com o que indica a nota que segue a esta meditação.

Segunda — Fazer o exame particular sobre as faltas e negligências nos exercícios e adições desse dia depois da refeição do meio-dia e da noite; e assim também nos dias que seguem.

Sexto dia

Contemplação da jornada de Cristo do Rio Jordão até o deserto, procedendo do modo indicado nas instruções do quinto dia.

Sétimo dia

Como Santo André e outros seguiram Cristo, nosso Senhor, (página 108).

Oitavo dia

O Sermão da Montanha, que discorre sobre as oito bem-aventuranças (página 110).

Nono dia

Como Cristo, nosso Senhor, apareceu para seus discípulos sobre as ondas do mar (página 111).

Décimo dia
Como o Senhor pregou no templo (página 115).

Décimo primeiro dia
A ressurreição de Lázaro (página 114).

Décimo segundo dia
O Domingo de Ramos (página 114).

Notas:
Primeira — Na contemplação desta Segunda Semana, conforme o tempo de que o praticante dispuser, ou conforme os benefícios que vai adquirindo, pode demorar-se mais ou menos. Se quiser prolongar a contemplação, tomar os mistérios da Visitação de Nossa Senhora a Santa Isabel, os Pastores, a Circuncisão do Menino Jesus, os Três Reis Magos, ou qualquer outro. Se quiser abreviar, pode deixar alguns dos temas propostos, pois eles servem para dar uma introdução e induzir a uma forma de contemplação mais perfeita e completa.

Segunda — A matéria das Eleições começará a partir da contemplação da jornada de Nazaré ao Jordão, incluindo o quinto dia, como será explicado em seguida.

Capítulo 10

Três Modos de Humildade

Antes de entrar nas Eleições, para que o praticante se apegue à verdadeira doutrina de Cristo, nosso Senhor, é indicado considerar as três formas de humildade, refletindo ocasionalmente sobre elas ao longo do dia, e também fazendo os colóquios, como será explicado mais à frente.

Primeiro modo de humildade

Necessário para a salvação eterna. Que o praticante se abaixe e se humilhe, tanto quanto for possível, para que em tudo obedeça à lei de Deus, nosso Senhor. Ainda que lhe oferecessem a posse de todas as coisas deste mundo, ainda que custasse a própria vida, não aceitaria. E rejeitaria também tudo o que implicasse quebrar um mandamento, fosse ele divino ou humano, o que o levaria a incorrer em pecado mortal.

Segundo modo de humildade

É ainda mais perfeito do que o primeiro, isso quando o praticante já não quer ou deseja mais riqueza que pobreza, honra que desonra, vida longa que vida breve. Encontra-se em tal estágio que tudo para ele é igual, desde que seja para servir a Deus, nosso Senhor. Recusa-se ainda a cair em pecado venial, mesmo que em troca de todas as criaturas e da própria vida.

Terceiro modo de humildade

O mais perfeito dos três. Inclui o primeiro e o segundo modos, sendo os dois para mais louvor e glória de Sua Divina Majestade. O praticante quer e escolhe mais pobreza com Cristo pobre do que riqueza; mais injúrias com o Cristo injuriado do que honras. E também ser considerado inútil e louco por Cristo, que primeiro foi tido como tal, antes de ser aclamado como sábio.

Nota: Para quem deseja alcançar este terceiro estado de humildade, é indicado fazer os colóquios da meditação dos três tipos de pessoas, pedindo a nosso Senhor que escolha a si para este terceiro e melhor modo de humildade, de forma a poder imitá-lo e servi-lo, se isso for considerado um serviço ainda maior em louvor de Sua Divina Majestade.

Capítulo 11

Eleição

Introdução para fazer a eleição, que significa a adaptação perfeita do praticante à vontade de Deus.

A intenção do praticante deve ser a de ater-se somente ao fim para o qual foi criado, ou seja, para o louvor de Deus, nosso Senhor, e para a salvação de sua alma. Assim, todas as suas escolhas devem ajudá-lo a atingir esse fim. Alguns podem, por exemplo, escolher primeiro o casamento e em segundo lugar servir a Deus, nosso Senhor, nesse casamento. Outros buscam primeiro o sucesso profissional para depois, com o poder adquirido nessa área, servir a Deus. Eles não estão indo direto a Deus. Pelo contrário, querem que Deus venha até eles e se enquadre nos seus objetivos. Fazem do fim, meio, e, do meio, fim. O que deveriam perseguir primeiro perseguem por último.

O primeiro objetivo do praticante deve ser servir a Deus, considerando em segundo lugar — e só se for mais conveniente — perseguir uma boa posição ou casar-se. Nada deve movê-lo a tomar outros meios ou deles privar-se a não ser apenas o serviço e louvor de Deus, nosso Senhor, e a sua salvação eterna.

Para saber sobre o que se deve fazer eleição, em quatro pontos e uma nota.

Primeiro ponto: É necessário que todas as coisas sobre as quais o praticante deseje fazer eleição sejam indiferentes ou boas em si, consentidas pela nossa Sagrada Mãe e pela hierarquia da Igreja, e não consideradas más ou em oposição a ela.

Segundo ponto: Há coisas que são objeto de *eleição imutável*, como a vida sacerdotal e o casamento. Outras, de *eleição mutável*, como ganhar poder ou abdicar dele, conquistar bens materiais ou renunciar a eles.

Terceiro ponto: Quando se faz uma eleição imutável, não há mais como pensar em outra escolha, porque não é possível desfazer o que foi feito. É possível apenas procurar viver bem nessa eleição, caso não tenha sido feito da forma devida e correta, seguindo afeições desordenadas. Tais eleições não parecem ser vocação divina. Muitos cometem esse erro: tomam por vocação divina uma eleição má e tendenciosa. Toda vocação divina é pura e limpa, sem mistura de sensualidade ou de qualquer afeição desordenada.

Quarto ponto: Se a pessoa fez uma eleição mutável, de forma devida e ordenada, e desde que ela não seja carnal ou mundana, não tem por que fazer nova eleição, mas, sim, aperfeiçoar-se nessa o quanto puder.

Nota: Convém salientar que, se a eleição mutável não foi feita de modo sincero e ordenado, a pessoa poderá refazê-la devidamente, com desejo de alcançar resultados que agradem a Deus, nosso Senhor.

OS TRÊS TEMPOS EM QUE SE FAZ UMA ELEIÇÃO CORRETA

Primeiro tempo: Deus, nosso Senhor, dirige a vontade da alma devota, de modo que ela segue o que lhe foi apontado sem duvidar. Assim aconteceu com os Santos Paulo e Mateus, quando seguiram Jesus.

Segundo tempo: As experiências de desolação e consolação e do discernimento dos espíritos trazem clareza e conhecimento para a pessoa.

Terceiro tempo: Não agitada pelos espíritos, a pessoa pode usar livre e serenamente suas faculdades mentais para escolher, como meio para alcançar o objetivo de sua vida — louvar a Deus, nosso Senhor, e salvar-se — uma vida ou estado que, dentro dos limites da Igreja, possa ajudá-lo no serviço do Senhor e na própria salvação.

Nota: Caso não seja feita a eleição, nem no primeiro nem no segundo tempos, seguem-se dois modos de fazê-la de acordo com o terceiro tempo.

O PRIMEIRO MODO DE FAZER UMA BOA E SADIA ELEIÇÃO, EM SEIS PONTOS

Primeiro ponto: Deixar bem claro, para si próprio, aquilo que deseja eleger, como assumir ou deixar um emprego ou fonte de renda, ou qualquer outra coisa que seja objeto de eleição mutável.

Segundo ponto: É necessário ter presente o fim para o qual foi criado, que é louvar a Deus, nosso Senhor, e salvar-se. Isso assentado, colocar-se indiferente, sem qualquer afeição desordenada, ao apego de assumir ou deixar o que foi proposto. Que a pessoa fique equilibrada, pronta para abraçar o que sentir que serve ao fim para o qual foi criada.

Terceiro ponto: Pedir a Deus, nosso Senhor, que conceda direcionar a vontade pessoal para o que deverá ser feito. Que ela reflita bem e fielmente a Sua santíssima e bondosa vontade.

Quarto ponto: Considerar, avaliando bem, as vantagens e lucros que poderá conseguir com tal emprego ou ganho, desde que seja apenas para louvor de Deus, nosso Senhor, e salvação da alma. Considerar, também, as desvantagens e riscos embutidos naquilo que quer eleger.

Em seguida, avaliar as vantagens e proveitos, bem como as desvantagens e riscos de não ter aquilo que se dispôs a eleger.

Quinto ponto: Após ter ponderado e refletido sobre todos os aspectos da coisa proposta, ver para onde a razão mais se inclina; e então, levando em conta a razão, e não a determinação dos sentidos, deliberar sobre a coisa proposta.

Sexto ponto: Feita a eleição, apresentá-la com muito empenho a Deus, nosso Senhor, em oração. Oferecer a Ele tal eleição, de forma que Sua Divina Majestade se sinta agradado em recebê-la e a confirme, se for para seu serviço e glória.

O SEGUNDO MODO DE FAZER UMA BOA E SADIA ELEIÇÃO, EM QUATRO REGRAS E UMA NOTA

Primeira regra: O amor que move o praticante e o faz escolher deve vir de cima, do amor de Deus, de tal forma que aquele que escolhe sinta, primeiro em si mesmo, que o amor que tem pela coisa que elegeu visa somente ao seu Criador e Senhor.

Segunda regra: Colocar-se mentalmente diante de um homem desconhecido. Desejando-lhe todo o bem, pensar no que o aconselharia a fazer e escolher para maior glória de Deus, nosso Senhor, e para maior perfeição de sua alma. Aplicar então o conselho para si.

Terceira regra: Imaginar-se à beira da morte, pensando em como gostaria de ter procedido no caso da presente eleição. Regulando-se por essa avaliação, cumprir a sua determinação.

Quarta regra: Imaginar-se no dia do julgamento final. Como teria deliberado sobre o presente assunto nessa situação, e seguir a regra que teria desejado estabelecer, de forma a sentir-se realizado e feliz.

Nota: Tendo tomado as regras acima mencionadas, fazer a eleição e oferecê-la a Deus, nosso Senhor, conforme o sexto ponto do primeiro modo de fazer eleições.

Para consertar e reformar a própria vida e situação

Os que ocupam funções eclesiásticas, ou são casados, tenham eles muitos ou poucos bens, e não sendo possível ou não havendo vontade para tomar uma decisão a respeito de coisas que sejam objeto de uma eleição mutável, a solução é mostrar o procedimento e o modo de emendar e reformar a própria vida e situação (estado), em vez de fazer a eleição. Ou seja, dispor, como criatura da sua vida e estado, para a glória e louvor de Deus, nosso Senhor, e sua salvação. Para tanto, deverá refletir e ponderar muito por meio dos exercícios e modos de eleição: que casa e família ter, como conduzi-la e administrá-la, como instruí-la pela palavra e pelo bom exemplo. No que diz respeito ao dinheiro, separar um tanto para sua família e casa e outro tanto para dar aos pobres e às boas obras, sem querer nem procurar outra coisa que não seja, em tudo e por tudo, o maior louvor e glória de Deus, nosso Senhor. Pensar no quanto se beneficiará espiritualmente ao não se fixar apenas no próprio amor, na própria vontade e nos próprios interesses.

Capítulo 12

Terceira Semana

O objetivo, agora, é confirmar a opção feita, confrontando a pequenez do praticante com o amor sem limites que o Rei Eterno manifesta por meio da instituição da Eucaristia e dos sofrimentos da Paixão.

Primeiro dia

O exercício, que deve ser feito à meia-noite, consta de oração preparatória, três introduções, seis pontos e um colóquio.

Oração preparatória
A citada anteriormente.

Primeira introdução: A história: Cristo, nosso Senhor, mandou dois discípulos de Betânia a Jerusalém para preparar a ceia, e depois Ele próprio seguiu para lá com os outros discípulos. Após terem comido o cordeiro pascal, Jesus lavou os pés de seus companheiros, deu-lhes seu Sagrado Corpo e Precioso Sangue e lhes fez uma pregação.

Segunda introdução: Visualizar mentalmente (composição) a estrada que ligava Betânia a Jerusalém, suas características, traçado e largura. Do mesmo modo, o local da Ceia, suas dimensões e detalhes.

Terceira introdução: Pedir o que deseja: dor, sofrimento e perturbação, porque é pelos meus pecados que o Senhor vai passar pela Paixão.

Primeiro ponto: Visualizar mentalmente as pessoas que participaram da Ceia, refletir sobre elas e sobre si mesmo, visando tirar proveito dessa reflexão.

Segundo ponto: Aplicar o sentido da audição para "ouvir" o que dizem, sobre o que conversam, visando tirar proveito desses diálogos.

Terceiro ponto: Aplicar o sentido da visão para "olhar" o que elas estão fazendo e tirar algum proveito.

Quarto ponto: Considerar o que Cristo, nosso Senhor, padece na sua humanidade, ou quer padecer, de acordo com a passagem que está sendo contemplada. Forçar-se, com a máxima veemência para se afligir, entristecer e chorar, agindo da mesma forma nos pontos seguintes.

Quinto ponto: Considerar como a divindade de Cristo se oculta. Ele poderia destruir seus inimigos e não o faz, permitindo que sua sacratíssima humanidade padeça cruelmente.

Sexto ponto: Considerar como Jesus padece tudo isso pelos meus pecados, e o que devo eu fazer e padecer por Ele.

Colóquio: Concluir com um colóquio dirigido a Cristo, nosso Senhor, e um Pai-Nosso.

Nota: O praticante deve lembrar de pedir e falar segundo o tema proposto, ou seja, se está tentado ou consolado, se deseja obter uma virtude, se pretende se dispor para alguma coisa, se quer sofrer ou alegrar-se com o que contempla, finalizando com o pedido mais específico. Pode, assim, fazer um só colóquio com Cristo, nosso Senhor, ou três colóquios, se o assunto ou a devoção o comove: um com a Mãe, outro com o Filho e outro com o Pai, de acordo com o indicado na Segunda Semana, na meditação dos três tipos de pessoas e na nota que a segue.

Segundo dia

A segunda contemplação, a ser feita pela manhã, será sobre o período entre a Santa Ceia e o Jardim das Oliveiras.

Oração preparatória
A citada anteriormente.

Primeira introdução: A história: Cristo, nosso Senhor, desceu com seus onze discípulos do Monte Sião, onde fez a Ceia, para o Vale de Josafá. Deixando oito deles numa parte do vale e os outros três no Horto, colocou-se em oração. Suou gotas de sangue, e depois de rezar três vezes para o Pai e acordar seus três discípulos, foi cercado pelos inimigos que caíram à sua voz. Deu a paz a Judas, e colocou de volta no lugar a orelha de Malco, que São Pedro havia cortado. Foi preso como malfeitor e levado pelo vale; depois, encosta acima, para a casa de Anás.

Segunda introdução: Visualizar mentalmente o caminho percorrido por Jesus, do Monte Sião até o Vale de Josafá e dali para o Horto, suas dimensões e características.

Terceira introdução: Pedir o que deseja: tomar parte na Paixão, vivenciar com Cristo o seu pesar, sua angústia, suas lágrimas e sua dor, sentindo profunda pena interior por tudo o que Cristo sofreu por mim.

Notas:
Primeira — Nesta segunda contemplação, depois de feita a oração preparatória e as três introduções acima mencionadas, manter o mesmo procedimento quanto aos pontos e colóquio da primeira contemplação, sobre a Ceia. Perto da hora da missa e das vésperas, fazer duas vezes a primeira e a segunda contemplações. Antes da refeição da noite, fazer a aplicação dos sentidos para as duas contemplações acima descritas, sempre começando com a oração preparatória e as três introduções, de acordo com o tema proposto, como foi explicado na segunda semana.
Segunda — Levando em conta a idade, a disposição e as condições físicas do praticante, ele poderá fazer os cinco exercícios todos os dias, ou menos.
Terceira — Nesta terceira semana, a segunda e a sexta adições sofrerão alterações parciais.

1) Segunda adição: imediatamente após acordar, lembrar-se aonde vai e para quê, resumindo mentalmente a contemplação que fará e, de acordo com o mistério proposto, forçar-se, enquanto se veste, para manter-se triste e aflito por causa da tristeza, aflição e sofrimento de Cristo, nosso Senhor.

2) Sexta adição Evitar pensamentos alegres, mesmo que sejam sagrados e bons, como aqueles relativos à ressurreição e à glória celestial. Manter-se voltado para a tristeza, a aflição, a dor e a angústia, lembrando com freqüência das árduas tarefas, da fadiga e das dores de Cristo, nosso Senhor, desde o dia de seu nascimento até o mistério da paixão no qual se encontra agora o praticante.

Quarta — Fazer o exame particular e as adições da semana passada.

Terceiro dia

A contemplação da meia-noite será a do trajeto de Cristo do Horto à casa de Anás, inclusive (página 116), e da manhã, da casa de Anás à casa de Caifás, inclusive (página 117). A seguir, as duas repetições e a aplicação dos sentidos, como já foi anteriormente explicado.

Quarto dia

À meia-noite, da casa de Caifás à de Pilatos, inclusive (página117) e de manhã, da casa de Pilatos até a de Herodes, inclusive (página118). A seguir, duas repetições e a aplicação dos sentidos, como já foi anteriormente explicado.

Quinto dia

À meia-noite, da casa de Herodes até a de Pilatos (página 118), fazendo e contemplando até a metade dos mistérios acontecidos na casa de Pilatos.

No exercício da manhã, contemplar a outra metade dos mistérios ali sucedidos. A seguir, duas repetições e a aplicação dos sentidos, como já foi anteriormente explicado.

Sexto dia

À meia-noite, da casa de Pilatos até o local da crucificação (página 119) e de manhã, do momento da crucificação até a morte (página 119). A seguir, duas repetições e a aplicação dos sentidos.

Sétimo dia

À meia-noite, da descida da cruz até a tumba, inclusive (página 120), e, de manhã, da tumba, inclusive, até a casa onde Nossa Senhora ficou, depois que seu filho foi enterrado.

Oitavo dia

Contemplação de toda a Paixão no exercício da meia-noite e no da manhã. No lugar das duas repetições e da aplicação dos sentidos, o praticante dedicará todo esse dia à reflexão de como o corpo sagrado de Cristo, nosso Senhor, permaneceu separado e à parte de sua alma; e onde e como ficou enterrado. Da mesma forma, refletir sobre a solidão de Nossa Senhora, cujo pesar e fadiga eram enormes e sobre a solidão dos discípulos.

Nota: Se o praticante quiser se aprofundar na Paixão, deve aplicar em cada contemplação menos mistérios. Ou seja, na primeira contemplação, apenas a Ceia; na segunda, a lavagem dos pés; na terceira, a entrega dos sagrados sacramentos aos discípulos; na quarta, a pregação que Cristo lhes fez, e assim em diante, por meio das outras contemplações e mistérios. Finalizada a Paixão, dedicar um dia inteiro apenas à primeira metade dela, o segundo à outra metade, e o terceiro a toda a Paixão.
Se o praticante quiser encurtar mais a Paixão, fazer, à meia-noite, a contemplação sobre a Ceia; de manhã, a do Horto; perto da hora da missa, a da casa de Anás; perto da hora das vésperas, a da casa de Caifás, e, antes da refeição da noite, a da casa de Pilatos. Não fazer as repetições, nem a aplicação dos sentidos, e tomar um mistério diferente a cada exercício. Terminada a Paixão, percorrê-la inteira em um ou vários exercícios, como parecer mais adequado ao praticante.

Capítulo 13

Regras para Ordenar-se no Comer

Orientações sobre a alimentação, a serem seguidas daqui para a frente.

Primeira regra: Não convém abster-se muito do pão, alimento que não costuma estimular tanto o apetite ou que desperta a tentação do paladar, como outras comidas.

Segunda regra: Abster-se mais de bebida do que de pão. A pessoa deve avaliar o que é mais saudável para ela, e descartar o que lhe pode fazer mal.

Terceira regra: Maior e mais ampla abstinência de alimentos saborosos, aqueles que estimulam o apetite. Para evitar tentações, habituar-se aos alimentos mais comuns e servir-se menos dos mais saborosos.

Quarta regra: Quanto mais a pessoa se abstiver de comida, mais rapidamente alcançará o equilíbrio no comer e no beber, desde que não coloque em risco a saúde. Isso acontece por duas razões. Primeiro, porque ficará menos atenta à comida, e mais ao seu íntimo, às consolações e inspirações divinas. Segundo, porque, ao perceber que tal abstinência lhe diminui a força corporal e a disposição para os Exercícios Espirituais, detectará, com mais facilidade, o que mais convém para dar sustento ao corpo.

Quinta regra: Enquanto estiver comendo, considerar que vê Cristo, nosso Senhor, comer com seus apóstolos. Imaginar como ele bebe, como olha, como fala e procurar imitá-lo, de forma que o intelecto se mantenha ocupado nessa contemplação, enquanto mínima atenção seja dispensada ao sustento do corpo.

Sexta regra: Enquanto estiver comendo, concentrar-se em outras considerações, como a vida dos santos, alguma contemplação caridosa ou outro assunto espiritual. Com a atenção fixada em tais temas, encontrará menos prazer na comida e ficará menos atento às sensações despertadas por ela no corpo.

Sétima regra: Tomar o máximo de cuidado para não concentrar-se exclusivamente na comida, nem comer apressadamente, mesmo estando com fome. É preciso dominar a si mesmo, tanto em relação à maneira como se come quanto à quantidade do que se ingere.

Oitava regra: Para evitar exageros, após o jantar e a ceia, ou em qualquer outro momento em que não haja vontade de comer, estipular para si mesmo a quantidade de comida a ser ingerida na próxima refeição, e não a ultrapassar, mesmo que movido pelo apetite ou pela tentação. Caso seja tentado a comer mais, combater a tentação ingerindo menos.

Capítulo 14

Quarta Semana

O tema da contemplação é a aparição de Cristo, nosso Senhor, a Nossa Senhora (página 122)

Oração preparatória
A citada anteriormente.

Primeira introdução: A história: Depois que Jesus expirou na cruz, seu corpo ficou separado da alma, a divindade unida com Ele. Desceu ao Inferno resgatando de lá as almas justas, e, vindo ao sepulcro, apareceu à sua Mãe abençoada, em corpo e alma.

Segunda introdução: Visualizar mentalmente o Santo Sepulcro, como estava arrumado o local, e também a casa onde estava Nossa Senhora, atentando para os detalhes, como o quarto, o oratório, etc.

Terceira introdução: Pedir o que deseja: a graça de rejubilar-se e alegrar-se com a grande glória e alegria de Cristo, nosso Senhor.

Primeiro, segundo e terceiro pontos: Os mesmos da Santa Ceia.

Quarto ponto: Considerar como a divindade, que parecia esconder-se durante a Paixão, agora aparece e se mostra tão maravilhosamente na Ressurreição.

Quinto ponto: Considerar a tarefa de consolador que Cristo, nosso Senhor, exerce, e comparar com o comportamento de amigos consolando amigos.

Colóquio: Finalizar com um ou mais colóquios, de acordo com o tema, e com um Pai-Nosso.

Notas:
Primeira — Nas contemplações que seguem, o praticante vai passar por todos os mistérios da ressurreição, da maneira indicada abaixo, até a ascensão, inclusive. Manter, durante toda a semana da Ressurreição, as orientações dadas para a semana da Paixão quanto às repetições, aplicação dos cinco sentidos, abreviação ou prolongamento dos mistérios.
Segunda — Nesta Quarta Semana, é mais indicado do que nas outras três anteriores fazer quatro exercícios e não cinco; o primeiro, pela manhã, imediatamente ao se levantar; o segundo, perto da hora da missa ou antes da refeição, no lugar da primeira repetição; o terceiro, na hora das vésperas, no lugar da segunda repetição; o quarto, antes da refeição da noite, fazendo a aplicação dos sentidos em três exercícios do mesmo dia. Concentrar-se e deter-se nas partes mais importantes e naquelas em que o praticante sentir mais alívio ou estímulo espiritual.
Terceira — Embora, em todas as contemplações, sejam indicados vários pontos, o praticante não precisa, necessariamente, seguir todos eles, podendo se fixar nos que considera melhores para si próprio. É aconselhável, antes de entrar na contemplação, avaliar e definir quais os pontos que vão ser seguidos.
Quarta — Nesta Quarta Semana, serão feitas algumas mudanças nas adições segunda, sexta, sétima e décima.
1) Segunda adição: logo ao despertar, concentrar-se na contemplação que vai ser feita, para despertar em si mesmo os sentimentos de alegria e felicidade do Cristo, nosso Senhor.
2) Sexta adição: lembrar e pensar em coisas que resultem em prazer espiritual, como alegria, felicidade e glória celestial.
3) Sétima adição: usar da claridade ou de outras comodidades do tempo — como sol e calor no frio, e brisa e frescor no verão — para ajudar a despertar a alegria e o bem-estar no Criador e Redentor.
4) Décima adição: no lugar de penitência, fixar-se na temperança e na moderação. Seguir apenas os jejuns e abstinências recomendados pela Igreja.

Capítulo 15

Contemplação para Alcançar o Amor

Contemplação para alcançar amor.

Nota: É preciso destacar duas coisas. Primeiro, que o amor consiste mais em obras do que em palavras. Segundo, que o amor é uma troca entre as duas partes envolvidas. Quem ama dá ou comunica o que tem ou pode ao outro. Por sua vez, quem é amado dá e comunica o que tem ou pode a quem ama. Se um tem conhecimento, honras e riquezas, dá ao que não os tem, e assim mutuamente.

Oração preparatória
Como citada anteriormente.

Primeira introdução: Imaginar-se diante de Deus, nosso Senhor, dos anjos e santos, intercedendo por si próprio.

Segunda introdução: Pedir o que deseja: conhecimento interior de tudo o que de bom tem recebido para que fique profundamente grato e possa em tudo amar e servir Sua Divina Majestade.

Primeiro ponto: Lembrar-se dos benefícios recebidos pela criação, redenção e dons particulares, reconhecendo o tanto que Deus, nosso Senhor, já fez por si, o quanto do que Ele tem lhe dado, e como esse mesmo Senhor deseja dar-se o quanto pode ao praticante, segundo sua divina determinação. Refletir sobre si mesmo, avaliando com razão e justiça o que de sua parte deveria oferecer e dar à Sua Divina Majestade. A saber: tudo o que tiver de seu e a si próprio, dizendo, com todo o coração: "Tomai, Senhor, e recebei toda a minha liberdade, memória, inteligência e vontade. Tudo o que tenho e possuo. Vós, Senhor, me destes tudo isso, e avós restituo! Tudo é vosso. Disponde segundo a Vossa vontade. Dai-me Vosso amor e Vossa graça, pois eles me bastam."

Segundo ponto: Conscientizar-se da presença de Deus em todas as criaturas: nos elementos, nas plantas, nos animais. Em si próprio, na forma de vida, energia, na possibilidade de sentir e compreender as coisas. Lembrar que Deus faz de cada pessoa o seu templo, criando-a à imagem e semelhança de Sua Divina Majestade. Refletir sobre si mesmo, do modo explicado no primeiro ponto. Da mesma forma, nos pontos que seguem.

Terceiro ponto: Considerar como Deus trabalha pela pessoa e age em todas as coisas — nos elementos, plantas, frutas, animais — dando-lhes a vida e tudo de que necessitam para preservá-la.

Quarto ponto: Perceber que todas as graças e coisas boas provêm do alto: o limitado poder humano, a justiça, a bondade, a piedade, a misericórdia, os raios do sol, a água das fontes, etc. Para finalizar, refletir sobre si mesmo, como explicado anteriormente. Terminar com um colóquio e um Pai-Nosso.

Capítulo 16

Três Modos de Orar

Primeiro modo de Orar

Sobre os Dez Mandamentos, os Sete Pecados Capitais, as Três Potências da Alma e os cinco Sentidos Corporais. O objetivo é, mais do que ensinar propriamente a rezar, criar uma metodologia e uma prática de exercícios que prepare o praticante para essa atividade, e faça com que a oração seja aceita.

1. Os Dez Mandamentos

Fazer o que foi indicado na segunda adição da Segunda Semana; isto é, antes de começar a rezar, deixar o espírito descansar um pouco, sentando-se ou caminhando lentamente. Seguir esta orientação antes de iniciar qualquer oração.

Oração

Uma oração preparatória deve ser feita com o objetivo de pedir a ajuda de Deus, nosso Senhor, para descobrir no que o praticante falhou em relação aos Dez Mandamentos e implorar por sua graça e ajuda, para se corrigir no futuro. Pedir uma perfeita compreensão dos mandamentos para observá-los melhor e para a maior glória e louvor de Sua Divina Majestade.

Considerar e pensar no Primeiro Mandamento — como o praticante o observou, em que teria falhado — refletindo sobre isso no espaço de tempo de três Pais-Nossos e três Ave-Marias. Ao descobrir alguma falta em si mesmo, pedir perdão por ela e rezar um Pai-Nosso. Repetir todo esse processo em cada um dos outros mandamentos.

Notas:
Primeira — Quando a pessoa estiver considerando um determinado mandamento que não tenha o hábito de transigir, não é necessário deter-se muito tempo nesse. Melhor descobrir quais os mandamentos mais passíveis de pecado, e sobre esses refletir mais tempo. Vale o mesmo para os pecados capitais.
Segunda — Após terminar as reflexões acima mencionadas em relação a todos os mandamentos, detectando suas próprias falhas em relação a eles, e pedindo a graça e a ajuda de Deus, nosso Senhor, para aperfeiçoar-se, finalizar com um colóquio dirigido a Ele, e que esteja de acordo com o tema proposto.

2. Os Pecados Capitais

Após a adição e a oração preparatória, fazer a reflexão sobre os pecados mortais, da forma já indicada, mudando apenas o assunto dos mandamentos para os pecados que devem ser evitados. Seguir as mesmas orientações acima para o colóquio.

Para ficar mais fácil descobrir as faltas cometidas em relação aos Pecados Capitais, o praticante deve olhar os seus contrários. E, para evitá-los de forma mais efetiva, procurar adquirir e manter as sete virtudes opostas a esses pecados.

3. As Três Potências da Alma

Seguir a mesma ordem e as mesmas orientações indicadas para os mandamentos, fazendo as adições, a oração preparatória e o colóquio.

4. Os Sentidos Corporais

Manter a mesma ordem indicada anteriormente, mudando apenas o tema.

Nota: Os que quiserem imitar Cristo, nosso Senhor, no uso dos cinco sentidos, devem, na oração preparatória, recomendar-se à Sua Divina Majestade e, após considerar cada um dos sentidos, rezar uma Ave-Maria e um Pai-Nosso. Os que quiserem imitar Nossa Senhora no uso dos cinco sentidos devem, na oração preparatória, recomendar-se a Ela, e pedir que interceda junto ao Seu Filho e ao Pai para conseguir essa graça. Após considerar cada um dos sentidos, rezar uma Ave-Maria.

Segundo modo de orar

Pela contemplação do significado de cada palavra da oração.

Adição: A mesma do primeiro modo.

Oração: A oração preparatória será feita de acordo com a pessoa para quem a prece é endereçada.

A pessoa deve ficar ajoelhada ou sentada, o que lhe parecer mais confortável e mais devocional, fechar os olhos ou fixá-los num único ponto e, sem olhar à sua volta, dizer "Pai", e refletir sobre essa palavra até que encontre nela um significado, uma comparação, consolação ou alívio. Fazer o mesmo a cada palavra do Pai-Nosso ou de qualquer outra prece escolhida para essa reflexão.

Primeira regra: Tomará aproximadamente uma hora a reflexão sobre cada palavra do Pai-Nosso, seguindo a orientação já mencionada. Ao terminar, rezar uma Ave-Maria, o Credo, a Alma de Cristo, o Salve-Rainha, verbal ou mentalmente, da maneira que o praticante está acostumado.

Segunda regra: Se o praticante, durante a contemplação do Pai-Nosso, encontrar em uma ou mais palavras um significado profundo para refletir, ou então alívio ou consolação, não se preocupar em passar adiante. Ao terminar o período de reflexão, dizer o resto do Pai-Nosso da maneira habitual.

Terceira regra: Se o praticante se deteve em uma ou mais palavras do Pai-Nosso durante a hora inteira, pode, no outro dia, retomar a oração a partir daquele trecho e ir contemplando as outras palavras que seguem.

Notas:
Primeira — Ao terminar a contemplação sobre o Pai-Nosso, em um ou em vários dias, começar a reflexão sobre as palavras da Ave-Maria e depois com as das outras orações.
Segunda — Terminada a oração, voltar-se, com poucas palavras, à pessoa para quem ela foi dirigida, permitindo que peça as virtudes e graças que mais achar necessárias.

TERCEIRO MODO DE ORAR

Diz respeito ao ritmo no qual se recita a oração.

Adição: A mesma já indicada nos primeiro e segundo modos de orar.

Oração: A oração preparatória indicada no segundo modo.

A cada inspiração ou expiração, o praticante vai orar mentalmente, dizendo uma palavra do Pai-Nosso ou de outra oração que esteja sendo recitada, de tal forma que apenas uma palavra seja dita entre uma respiração e outra. No intervalo entre a inspiração e a expiração, concentrar totalmente a atenção no significado da palavra ou na pessoa para quem a oração está sendo rezada, ou para sua própria pequenez em comparação a tanta elevação. Proceder dessa forma com todas as outras palavras do Pai-Nosso e depois com as outras orações: Ave-Maria, Alma de Cristo, o Credo e o Salve-Rainha.

Primeira regra: Em qualquer momento que quiser rezar, dizer a Ave-Maria de forma ritmada, depois a outra prece da forma usual, e assim por diante.

Segunda regra: Os que quiserem permanecer mais tempo em oração, podem recitá-la de forma ritmada seguindo a mesma ordem da inspiração e da expiração, como explicado acima.

CAPÍTULO 17

OS MISTÉRIOS DA VIDA DE CRISTO, NOSSO SENHOR

Os Mistérios da vida de Cristo, nosso Senhor.

Nota: As palavras colocadas em destaque por outra tipologia referem-se às citações do próprio Evangelho. Na maioria dos mistérios serão encontrados três pontos para meditação e contemplação.

A ANUNCIAÇÃO DE NOSSA SENHORA
Lucas, capítulo um [26-39]

Primeiro ponto: O Anjo Gabriel, saudando Nossa Senhora, anunciou a ela a concepção de Cristo, nosso Senhor. O Anjo, entrando onde estava Maria, saudou-a dizendo: *Cheia de graça. Conceberás em teu ventre e darás à luz um filho.*

Segundo ponto: O Anjo confirmou o que disse a Nossa Senhora, e contou sobre a concepção de São João Batista, dizendo a ela: *Vê tua prima Isabel, que concebeu um filho na sua velhice.*

Terceiro ponto: Nossa Senhora respondeu ao Anjo: *Eis aqui a serva do Senhor; faça-se em mim segundo a Sua palavra.*

A VISITA DE NOSSA SENHORA A ISABEL
Lucas, capítulo um [39-57]

Primeiro ponto: Quando Nossa Senhora visitou Isabel, São João Batista, no ventre da mãe, sentiu a presença de Nossa Senhora. *E como Isabel ouvisse a saudação de Nossa Senhora, saltou de alegria o menino no seu ventre e, cheia do Espírito Santo, Isabel exclamou: "Bendita és tu entre as mulheres e bendito o fruto do teu ventre."*

Segundo ponto: Nossa Senhora entoou um cântico com estas palavras: *"Minha alma engrandece o Senhor."*

Terceiro ponto: *Maria permaneceu junto de Isabel por quase três meses e depois voltou para casa.*

O NASCIMENTO DE CRISTO, NOSSO SENHOR
Lucas, capítulo dois [1-15]

Primeiro ponto: Nossa Senhora e seu esposo José foram de Nazaré para Belém. *Subiu José da Galiléia a Belém para obedecer a César, com Maria, sua esposa e mulher, já grávida.*

Segundo ponto: *Deu à luz seu Filho primogênito e o envolveu com panos e o colocou na manjedoura.*

Terceiro ponto: *Chegou, então, uma multidão do exército celestial que dizia: "Glória a Deus nos céus."*

OS PASTORES
Lucas, capítulo dois [8-21]

Primeiro ponto: O nascimento de Cristo, nosso Senhor, foi revelado aos pastores pelo Anjo: *"Eu vos anuncio uma grande alegria, porque hoje nasceu o Salvador do mundo."*

Segundo ponto: Os pastores foram a Belém. *Vieram com pressa e encontraram Maria, José e o Menino posto na manjedoura.*

Terceiro ponto: *Voltaram os pastores glorificando e louvando o Senhor.*

A CIRCUNCISÃO
Lucas, capítulo dois [21]

Primeiro ponto: Eles circuncidaram o Menino Jesus.

Segundo ponto: *Foi-lhe dado o nome de Jesus, como o chamou o anjo antes que fosse concebido no ventre.*

Terceiro ponto: Entregaram então o Menino à sua mãe, que se compadeceu do sangramento causado pela circuncisão.

OS TRÊS REIS MAGOS
Mateus, capítulo dois [1-13]

Primeiro ponto: Os Três Reis Magos, guiando-se pela Estrela, chegaram para adorar Jesus, dizendo: *"Vimos a sua Estrela no Oriente e viemos adorá-lo."*

Segundo ponto: Eles O adoraram e Lhe ofereceram presentes. *Prostrando-se, adoraram-No e Lhe deram presentes: ouro, incenso e mirra.*

Terceiro ponto: *Enquanto dormiam, receberam resposta para que não voltassem a Herodes. Então, por outro caminho, regressaram à sua região.*

A PURIFICAÇÃO DE NOSSA SENHORA E A APRESENTAÇÃO DO MENINO JESUS
Lucas, capítulo dois [23-39]

Primeiro ponto: Trouxeram o Menino Jesus ao Templo para que Ele fosse apresentado ao Senhor como primogênito, e ofereceram por Ele *um par de tartarugas e duas pombinhas.*

Segundo ponto: Simeão, chegando ao Templo, tomou-O nos braços e exclamou: *"Agora, Senhor, deixa teu servidor ir em paz."*

Terceiro ponto: *Ana, chegando em seguida, proclamou sua fé no Senhor e falou Dele a todos os que esperavam a redenção de Israel.*

A fuga para o Egito
Mateus, capítulo dois [13-16]

Primeiro ponto: Herodes queria matar o Menino Jesus e então matou os Inocentes, e antes de sua morte o Anjo aconselhou José a fugir para o Egito: *"Levanta-te, toma o Menino e tua Mãe e foge para o Egito."*

Segundo ponto: Eles partiram para o Egito. E, *levantando-se, de noite, partiram para o Egito.*

Terceiro ponto: Ali permaneceram até a morte de Herodes.

Como Cristo, nosso Senhor, voltou do Egito
Mateus, capítulo dois [19-23]

Primeiro ponto: O Anjo avisou José para voltar a Israel: *"Levanta-te, toma o Menino e sua Mãe e vai à terra de Israel."*

Segundo ponto: Levantando-se, ele seguiu em direção à terra de Israel.

Terceiro ponto: Porque na Judéia reinava Arquelau, filho de Herodes, ele se retirou para Nazaré.

A vida de Cristo, nosso Senhor, dos 12 aos 30 anos
Lucas, capítulo dois [51, 52]

Primeiro ponto: Ele era obediente aos pais. *Avançava em sabedoria, idade e graça.*

Segundo ponto: Parece que exercia o ofício de carpinteiro, como Marcos relatou no sexto capítulo: *"Será que este não é aquele carpinteiro?"*

A vinda de Cristo ao Templo quando Ele estava com a idade de 12 anos
Lucas, capítulo dois [51, 52]

Primeiro ponto: Cristo, nosso Senhor, aos 12 anos, foi de Nazaré a Jerusalém.

Segundo ponto: Cristo, nosso Senhor, ficou em Jerusalém sem que os pais soubessem.

Terceiro ponto: Três dias se passaram até que O encontrassem sentando entre os doutores do Templo, discutindo com eles. Os pais Lhe perguntaram onde ele tinha estado, e Ele respondeu: *"Não sabeis que convém que eu participe das coisas de meu Pai?"*

O batismo de Cristo
Mateus, capítulo três [13-17]

Primeiro ponto: Depois de haver se despedido de sua Bendita Mãe, Cristo, nosso Senhor, foi de Nazaré para o Rio Jordão, onde estava São João Batista.

Segundo ponto: São João Batista batizou Cristo, nosso Senhor, e, desejoso de se desculpar, considerando-se indigno de batizá-Lo, Cristo lhe disse: *"Faze isto por agora, porque é preciso que cumpramos toda a justiça."*

Terceiro ponto: Veio o Espírito Santo e a voz do Pai desde o céu, afirmando: *"Este é o meu Filho amado, com o qual estou muito satisfeito."*

A TENTAÇÃO DE CRISTO
Lucas, capítulo quatro [11-14], e Mateus, capítulo quatro [1 -12]

Primeiro ponto: Após ser batizado, Jesus foi para o deserto, onde jejuou por 40 dias e 40 noites.

Segundo ponto: Foi tentado três vezes pelo inimigo. Aproximando-se Dele, o tentador disse: *"Se és Filho de Deus dize a estas pedras que se mudem em pão; joga-te daqui para baixo; tudo o que vês eu te darei se te prostrares e me adorares."*

Terceiro ponto: *Os anjos vieram e O serviram.*

O CHAMADO DOS APÓSTOLOS

Primeiro ponto: Parece que Pedro e André foram chamados três vezes; primeiro, para um certo conhecimento; isso é relatado claramente por João no primeiro capítulo. Segundo, para seguir Cristo, mas, de alguma forma, com o propósito de voltar a possuir o que tinham deixado, como registra Lucas no quinto capítulo. Terceiro, para seguir a Cristo, nosso Senhor, para sempre, como Mateus diz no quarto capítulo, e Marcos, no primeiro.

Segundo ponto: Jesus chamou Felipe, como está no primeiro capítulo de João, e Mateus, como registrado por ele mesmo no capítulo nove.

Terceiro ponto: Jesus chamou os outros Apóstolos, cuja especial convocação não é mencionada no Evangelho. Três outras coisas também têm de ser consideradas:

- Primeiro, como os Apóstolos eram humildes e incultos.
- Segundo, a dignidade a que foram tão docemente chamados.
- Terceiro, os dons e as graças a que foram elevados, acima de todos os santos do Novo e do Velho Testamentos.

O PRIMEIRO MILAGRE, REALIZADO NAS BODAS DE CANÁ, GALILÉIA
João, capítulo dois [1-12]

Primeiro ponto: Cristo, nosso Senhor, foi convidado, com seus discípulos, para um casamento.

Segundo ponto: A Mãe avisou Jesus da falta de vinho, dizendo: *"Eles não têm mais vinho"*, e ordenou aos criados: *"Fazei tudo o que ele vos disser."*

Terceiro ponto: Ele mudou a água em vinho e manifestou a sua glória, e os discípulos acreditaram Nele.

A EXPULSÃO DOS VENDEDORES DO TEMPLO
João, capítulo dois [13-18]

Primeiro ponto: Com um chicote feito de cordas, Jesus expulsou do Templo todos os que vendiam.

Segundo ponto: Virou as mesas e jogou ao chão o dinheiro dos banqueiros que negociavam no Templo.

Terceiro ponto: Para os pobres que vendiam pombos, ele disse com mansidão: *"Tirai isto daqui e não queirais fazer de minha casa lugar de comércio."*

O SERMÃO DA MONTANHA
Mateus, capítulo cinco [1-48]

Primeiro ponto: Para seus amados discípulos Jesus falou, em particular, das oito bem-aventuranças: *"Felizes os pobres de espírito, os mansos, os misericordiosos, os que choram, os que passam fome e sede de justiça, os limpos de coração, os pacífico, e os que sofrem perseguições."*

Segundo ponto: Ele os exortou a usarem bem os seus talentos: *"De tal modo brilhe a vossa luz diante das pessoas, que vejam as vossas obras e glorifiquem vosso Pai, que está nos céus."*

Terceiro ponto: Jesus se apresentou não como transgressor, mas como um seguidor da lei, explicando os preceitos de não matar, não fornicar, não ser culpado de perjúrio e de amar os inimigos: *"Eu porém vos digo que ameis vossos inimigos e façais bem aos que vos detestam."*

COMO CRISTO, NOSSO SENHOR, ACALMOU A TEMPESTADE NO MAR
Mateus, capítulo oito [23-28]

Primeiro ponto: Estando Cristo dormindo no barco, irrompeu no mar uma grande tempestade.

Segundo ponto: Os discípulos, assustados, acordaram-no. Ele os repreendeu pela pouca fé que demonstravam ter e lhes disse: *"Que temeis, homens fracos na fé?"*

Terceiro ponto: Ele ordenou aos ventos e ao mar que se acalmassem. O mar ficou tranqüilo e os homens se maravilharam, dizendo: *"Quem é este a quem o vento e o mar obedecem?"*

COMO CRISTO ANDOU SOBRE O MAR
Mateus, capítulo 14 [22-34]

Primeiro ponto: Estando Cristo, nosso Senhor, na montanha, ordenou a seus discípulos que entrassem num barquinho. Despedida a multidão, começou a rezar sozinho.

Segundo ponto: A pequena embarcação foi batida pelas ondas e Cristo foi até ela andando sobre as águas. Os discípulos acharam que era uma aparição.

Terceiro ponto: Cristo disse: *"Sou eu, não temais."* São Pedro, à sua ordem, veio até Ele caminhando sobre as águas. Mas, quando duvidou, começou a afundar. Cristo, nosso Senhor, resgatou-o e o repreendeu pela pouca fé. Em seguida, entrou na barquinha, e o vento cessou.

Como os Apóstolos foram enviados para pregar
Mateus, capítulo dez [1-15]

Primeiro ponto: Cristo chamou seus amados discípulos e deu-lhes o poder de afugentar demônios do corpo das pessoas e curar todas as doenças.

Segundo ponto: Discorreu sobre prudência e paciência: *"Vede que vos envio como ovelhas no meio dos lobos. Portanto, sede prudentes como serpentes e simples como pombos."*

Terceiro ponto: Disse-lhes como deveriam ir. *"Não queirais possuir nem ouro nem prata; o que recebeis de graça dai-o de graça."* E instruiu-os sobre o que pregar. *"Indo pregar, direis: O reino do céu está perto de vós."*

A conversão de Madalena
Lucas, capítulo sete [36-50]

Primeiro ponto: Madalena entrou na casa do fariseu, onde Cristo, nosso Senhor, estava à mesa. Trazia um vaso de alabastro cheio de ungüento perfumado.

Segundo ponto: Colocando-se atrás do Senhor, perto de seus pés, ela os lavou com suas lágrimas e os secou com seus cabelos, beijou-os e untou-os com o ungüento perfumado.

Terceiro ponto: Quando o fariseu acusou Madalena, Cristo falou em sua defesa: *"São-lhe perdoados muitos pecados, pois ela muito amou."* E disse à mulher: *"Tua fé te salvou. Vai em paz!"*

Como Cristo, nosso Senhor, deu de comer a cinco mil homens
Mateus, capítulo 14 [13-22]

Primeiro ponto: Como já estivesse ficando tarde, os discípulos pediram a Cristo para dispensar a multidão de homens que estava com Ele.

Segundo ponto: Cristo, nosso Senhor, ordenou-lhes então que trouxessem pão e se sentassem à mesa. Ele abençoou os pães, partiu-os em pedaços e deu os pães a seus discípulos e os discípulos os deram à multidão.

Terceiro ponto: *Comeram até ficar saciados e sobraram doze cestos de pães.*

A TRANSFIGURAÇÃO DE CRISTO
Mateus, capítulo 17 [1-14]

Primeiro ponto: Acompanhado dos seus discípulos Pedro, Tiago e João, Cristo, nosso Senhor, transfigurou-se e seu rosto resplandeceu como a luz, e suas vestes, como a neve.

Segundo ponto: Estava falando com Moisés e Elias.

Terceiro ponto: Pedro propôs fazer três tendas quando uma voz soou dos céus, dizendo: *"Este é meu Filho amado: escutai-o!"* Quando os discípulos ouviram essa voz, jogaram-se ao chão aterrorizados. Cristo, nosso Senhor, tocou-os e disse-lhes: *"Levantai-vos e não temais. Não faleis a ninguém sobre esta visão até que o Filho do Homem ressuscite."*

A RESSURREIÇÃO DE LÁZARO
João, capítulo 11 [1-46]

Primeiro ponto: Marta e Maria fizeram saber a Cristo, nosso Senhor, da doença de Lázaro. Ao tomar conhecimento do fato, Ele se demorou por dois dias, para que o milagre ficasse mais evidente.

Segundo ponto: Antes de ordenar a Lázaro que se levantasse, Jesus pede a um e aos outros que creiam, dizendo: *"Eu sou a ressurreição e a vida. Quem crer em mim, ainda que esteja morto, viverá."*

Terceiro ponto: Jesus ressuscita-o depois de haver chorado e rezado. Ressuscitou-o, ordenando: *"Lázaro! Vem à frente!"*

A CEIA EM BETÂNIA
Mateus, capítulo 26 [1-14]

Primeiro ponto: O Senhor jantou na casa de Simão, o leproso, com Lázaro.

Segundo ponto: Madalena derramou ungüento sobre a cabeça de Cristo.

Terceiro ponto: Judas murmurou: *"Por que este desperdício de ungüento?"* Mas Jesus desculpou de novo Madalena, dizendo: *" Por que vos aborreceis com esta mulher, já que ela fez uma boa obra para mim?"*

O DOMINGO DE RAMOS
Mateus, capítulo 26 [1-12]

Primeiro ponto: O Senhor mandou buscar um jumento e uma jumenta, dizendo: *"Desamarrai-os e trazei-os. Se alguém disser alguma coisa, dizei que o Senhor precisa deles."*

Segundo ponto: Montou no jumento, coberto com os mantos dos apóstolos.

Terceiro ponto: O povo recebeu, estendendo pelo caminho ramos de árvores e seus mantos, dizendo: *"Salva-nos, Filho de Davi! Bendito o que vem em nome do Senhor! Salva-nos nas alturas!"*

A PREGAÇÃO NO TEMPLO
Lucas, capítulo 19 [47, 48]

Primeiro ponto: Ensinou no Templo, diariamente.

Segundo ponto: Quando terminou de pregar, já que não havia ninguém para recebê-Lo em Jerusalém, Jesus decidiu voltar a Betânia.

A CEIA
Mateus, capítulo 26, e João, capítulo 13

Primeiro ponto: Jesus comeu o cordeiro pascal com seus doze apóstolos, para os quais predisse sua morte: *"Em verdade vos digo que um de vós vai me vender."*

Segundo ponto: Lavou os pés dos discípulos, inclusive os de Judas, começando por São Pedro. Este, considerando a Majestade do Senhor e sua própria pequenez, não queria consentir, e disse: *"Senhor, tu lavas os meus pés?"* Mas São Pedro não sabia que Ele o fazia para dar um exemplo de humildade, pelo que lhes disse: *"Eu vos dei exemplo para que façais como eu fiz."*

Terceiro ponto: Instituiu o santíssimo sacrifício da Eucaristia como o maior sinal de seu amor, dizendo: *"Tomai e comei."* Terminada a Ceia, Judas saiu para vender Cristo, nosso Senhor.

DA CEIA ATÉ O HORTO, INCLUSIVE
Mateus, capítulo 26, e Marcos, capítulo 14

Primeiro ponto: Terminada a Ceia e cantando um hino, o Senhor dirigiu-se para o Monte das Oliveiras com seus discípulos, que estavam cheios de medo. Deixando oito deles no Getsêmani, disse:

"Sentai-vos aqui, enquanto vou lá rezar."

Segundo ponto: Acompanhado de São Pedro, São Tiago e São João, Ele rezou três vezes ao Senhor, dizendo: *"Pai, se for possível, afaste de mim esse cálice! Contudo, não se faça a minha vontade, mas a Tua!"* E, quanto mais entrava em agonia, mais rezava.

Terceiro ponto: Sobreveio-lhe tanto temor que disse: *"Minha alma está triste até a morte!"* Suou sangue tão abundantemente que São Lucas disse: *"Seu suor era como gotas de sangue que corriam para a terra"*, o que faz supor que as vestes estavam empapadas de sangue.

Do Horto até a casa de Anás, inclusive
Mateus, capítulo 26; Lucas, capítulo 22; e Marcos, capítulo 15

Primeiro ponto O Senhor se deixou beijar por Judas e prender como um ladrão, dizendo: *"Viestes prender-me como se eu fosse um ladrão, com bastões e armas. No entanto, tendo estado convosco ensinando no Templo, não me prendestes."* E quando disse: *"A quem buscais?"*, os inimigos caíram por terra.

Segundo ponto São Pedro feriu um servidor do Pontífice, o que fez o Senhor dizer: *"Põe de volta a espada em seu lugar."* E curou a orelha do servidor.

Terceiro ponto Abandonado por seus discípulos, Jesus foi levado até a casa de Anás, onde São Pedro, que o havia seguido de longe, negou conhecê-lo. Cristo levou uma bofetada enquanto lhe diziam: *"É assim que respondes ao pontífice?"*

Da casa de Anás à casa de Caifás, inclusive
Mateus, capítulo 26; Lucas, capítulo 23; e Marcos, capítulo 15

Primeiro ponto Levaram-no, amarrado, da casa de Anás à casa de Caifás, onde São Pedro negou-o mais duas vezes. Ao ser olhado pelo Senhor, ele saiu e chorou amargamente.

Segundo ponto Jesus passou a noite amarrado.

Terceiro ponto Além disso, os que O mantinham preso caçoavam Dele, cobriam Seu rosto, davam-lhe bofetadas e lhe perguntavam: *"Profetiza quem te bateu!"*, e blasfemavam contra Ele.

Da casa de Caifás até a casa de Pilatos, inclusive
Mateus, capítulo 26 Lucas, capítulo 23; e Marcos, Capítulo 15

Primeiro ponto: A multidão de judeus levou Cristo até Pilatos e acusou-O diante dele dizendo: *"Encontramos este fazendo o povo se perder e proibindo-o de pagar o imposto a César!"*

Segundo ponto: Pilatos, depois de inquiri-Lo uma e outra vez, disse: *"Não encontro nele nenhuma culpa."*

Terceiro ponto: O ladrão Barrabás foi preferido pelo povo, a Ele. Todos gritaram dizendo: *"Não libertes este, mas Barrabás!"*

Da casa de Pilatos até a casa de Herodes
Lucas, capítulo 23

Primeiro ponto: Pilatos mandou Jesus, um galileu, até Herodes, tetrarca da Galiléia.

Segundo ponto: Herodes, curioso, O inquiriu várias vezes, mas Jesus nada respondeu, embora os escribas e sacerdotes O acusassem o tempo todo.

Terceiro ponto: Herodes despachou-O com seu exército, vestido com uma roupa branca.

Da casa de Herodes para a casa de Pilatos
Mateus, capítulo 26; Lucas, capítulo 23; Marcos, capítulo 15; e João, capítulo 19

Primeiro ponto: Herodes mandou Jesus de volta para Pilatos. Por isto tornaram-se amigos, quando antes eram inimigos.

Segundo ponto: Pilatos recebeu Jesus e mandou açoitá-Lo; os soldados fizeram uma coroa de espinhos e o vestiram com um manto púrpura. Pilatos disse a Ele: *"Salve, Rei dos Judeus!"*, e os soldados O esbofetearam.

Terceiro ponto: Jesus foi levado para fora da casa e colocado diante do povo. Saiu Jesus coroado de espinhos e vestido de escarlate. Pilatos diz a todos: *"Eis aqui o Homem!"* Quando os sacerdotes O viram, gritaram: *"Crucifica-O! Crucifica-O!"*

DA CASA DE PILATOS ATÉ A CRUZ, INCLUSIVE
João, capítulo 19 [25-37]

Primeiro ponto: Pilatos, atuando como juiz, entregou-lhes Jesus para os que iriam crucificá-Lo, depois que os judeus O negaram como seu rei, dizendo: *" Não temos outro rei que não César!"*

Segundo ponto: Jesus tomou a Cruz nos ombros mas, não suportando carregá-la, Simão, o cireneu, foi obrigado a ajudá-lo.

Terceiro ponto: Eles O crucificaram entre dois ladrões, dando-Lhe este título: *"Jesus de Nazaré, Rei dos Judeus."*

NA CRUZ
João, capítulo 19 [25-37]

Primeiro ponto: Ele disse sete palavras na Cruz: pediu pelos que O estavam crucificando; perdoou o ladrão; recomendou São João à sua mãe e sua mãe a ele, e disse, em voz alta: *"Tenho sede!"* e eles Lhe deram fel e vinagre. E Jesus, sentindo-se desamparado, disse: *"Tudo está consumado! Pai, em Tuas mãos entrego meu espírito!"*

Segundo ponto: O sol escureceu, as pedras se quebraram, as sepulturas se abriram e o véu do Templo rasgou-se em dois, de cima a baixo.

Terceiro ponto: O povo blasfemou contra Ele, dizendo: *"Tu, que destróis o Templo de Deus, desce da Cruz"*. Repartiram suas roupas. Seu peito, ferido lateralmente por uma lança, emanou água e sangue.

DA CRUZ ATÉ O SEPULCRO, INCLUSIVE
João, capítulo 19 [25-37]

Primeiro ponto: Jesus foi tirado da Cruz por José e Nicodemos, na presença de sua Mãe dolorosa.

Segundo ponto: Seu corpo foi carregado até o sepulcro, untado com ungüento e enterrado.

Terceiro ponto: Guardas foram colocados à frente do sepulcro.

A RESSURREIÇÃO E A PRIMEIRA APARIÇÃO

Primeiro ponto: Jesus apareceu à Virgem Maria. Isto, entretanto, não é relatado nas Escrituras, nas quais é dito que Ele apareceu para muitos outros. Supõe-se que compreendamos, como está citado: *"Também vós estais sem entendimento?"*

A SEGUNDA APARIÇÃO
Marcos, capítulo 16 [9]

Primeiro ponto: Madalena, Maria, mãe de Tiago e Salomé foram logo cedo até o sepulcro, dizendo: *"Quem nos moverá a pedra da entrada do túmulo?"*

Segundo ponto: Elas viram a pedra afastada e o Anjo, que lhes disse: *"Procurais Jesus de Nazaré? Já ressuscitou! Não está aqui!"*

Terceiro ponto: Jesus apareceu a Madalena, que permaneceu no local, depois que as outras se foram.

A TERCEIRA APARIÇÃO
Mateus, último capítulo

Primeiro ponto: As Marias deixaram o sepulcro, com medo e alegria, desejosas de anunciar aos discípulos a Ressurreição do Senhor.

Segundo ponto: Cristo, nosso Senhor, apareceu a elas no caminho e lhes disse: *"Salve!"* E elas se aproximaram e se lançaram aos seus pés em adoração.
Terceiro ponto: Jesus lhes disse: *"Não tenhais medo! Ide dizer a meus irmãos que vão à Galiléia, pois ali me verão."*

A QUARTA APARIÇÃO
Lucas, último capítulo [12, 34]

Primeiro ponto: Ouvindo as mulheres dizerem que Cristo tinha ressuscitado, Pedro foi rapidamente ao sepulcro.
Segundo ponto: Entrando no sepulcro, ele viu apenas as vestes com as quais o corpo de Cristo, nosso Senhor, havia sido coberto, e mais nada.
Terceiro ponto: Enquanto São Pedro refletia sobre tais coisas, Cristo apareceu a ele e, por isso, os apóstolos disseram: *"Em verdade o Senhor ressuscitou e apareceu a Simão!"*

A QUINTA APARIÇÃO
Lucas, último capítulo

Primeiro ponto: Jesus apareceu para os discípulos que estavam a caminho de Emaús, falando do Cristo.
Segundo ponto: Ele os repreendeu, lembrando-os de que, de acordo com as Escrituras, Cristo havia de morrer e ressuscitar. *"Ó, homens sem inteligência e lentos para crer em tudo o que falaram os profetas! Não era necessário que Cristo padecesse e assim entrasse em sua glória?"*
Terceiro ponto: Atendendo ao pedido deles, Jesus deixou-se ficar ali por mais tempo e permaneceu com eles até depois de lhes dar a comunhão, quando, então, desapareceu. E eles, voltando, disseram aos discípulos como O haviam conhecido na comunhão.

A SEXTA APARIÇÃO
João, capítulo 20 [19-24]

Primeiro ponto: Os discípulos, exceto São Tomé, estavam reunidos, por temor aos judeus.

Segundo ponto: Jesus apareceu para eles, estando as portas fechadas, e, colocando-se no meio deles, disse: *"A paz esteja convosco!"*

Terceiro ponto: Jesus lhes deu o Espírito Santo, dizendo: *"Recebei o Espírito Santo! Aqueles a quem perdoardes os pecados serão perdoados."*

A SÉTIMA APARIÇÃO
João, capítulo 20 [24-30]

Primeiro ponto: São Tomás, incrédulo porque não estava presente à aparição anterior, disse: *"Se eu não o vir, não crerei!"*

Segundo ponto: Jesus voltou a aparecer aos Apóstolos, oito dias depois, estando todas as portas fechadas, e disse a São Tomé: *"Ponha aqui o dedo e vê a verdade; não sejas incrédulo, mas fiel!"*

Terceiro ponto: São Tomé creu, dizendo: *"Meu Senhor e meu Deus!"* E Cristo lhe respondeu: *"Felizes os que não viram e creram!"*

A OITAVA APARIÇÃO
João, último capítulo [1-24]

Primeiro ponto: Jesus apareceu para sete de seus discípulos, que estavam pescando e não tinham conseguido pegar nada nas redes, a noite toda. Ordenou a eles que jogassem a rede de novo. E eles não podiam puxá-la, pela multidão de peixes.

Segundo ponto: Por esse milagre, São João reconheceu-O e disse a São Pedro: *"É o Senhor!"* Este então atirou-se ao mar ao encontro do Cristo.

Terceiro ponto: Deu-lhes de comer parte de um peixe assado e um favo de mel. Confiou as ovelhas a São Pedro, mas, antes, perguntou-lhe três vezes sobre a caridade. Então disse-lhe: *"Alimenta minhas ovelhas."*

A NONA APARIÇÃO
Mateus, último capítulo [16 até o final]

Primeiro ponto: Os discípulos, por ordem do Senhor, foram até o monte Tabor.

Segundo ponto: Cristo apareceu a eles e disse: *"Todo o poder me foi dado no céu e na terra."*

Terceiro ponto: Ele mandou, então, que saíssem pelo mundo para pregar, dizendo: *"Ide e ensinai a todas as gentes, batizando-as em nome do Pai, do Filho e do Espírito Santo."*

A DÉCIMA APARIÇÃO
Primeira Epístola dos Coríntios, capítulo 15 [7]

"Depois foi visto por mais de quinhentos irmãos juntos."

A DÉCIMA PRIMEIRA APARIÇÃO
Primeira Epístola dos Coríntios, capítulo 15 [7]

"Apareceu depois a São Tiago."

A DÉCIMA SEGUNDA APARIÇÃO

Apareceu para José de Arimatéia como se acredita firmemente e como se lê nas vidas dos santos.

A DÉCIMA TERCEIRA APARIÇÃO
Primeira Epístola dos Coríntios, capítulo 15 [8]

Apareceu a São Paulo depois da Ascensão. *"Por último Ele apareceu a mim, como um prematuro."* Apareceu também aos Santos Pais no Limbo e, depois de tirá-los de lá, voltou a assumir seu corpo e muitas vezes mais apareceu a seus discípulos e conversou com eles.

A ASCENSÃO
Atos 1 [1-12]

Primeiro ponto: Após aparecer por um período de quarenta dias aos Apóstolos, dando-lhes muitas provas e sinais, falando sobre o reino de Deus, Jesus mandou que esperassem em Jerusalém pelo Espírito Santo prometido.

Segundo ponto: Jesus levou-os até o Monte das Oliveiras e, na presença deles, elevou-se aos céus. Uma nuvem fê-Lo desaparecer da frente de seus olhos.

Terceiro ponto: Eles ficaram olhando para o céu e os Anjos lhes disseram: *"Homens da Galiléia, por que estais olhando para o céu? Este Jesus, que foi levado de vossos olhos ao céu, assim virá, como vós o vistes, subir ao céu."*

Capítulo 18

Regras de Discernimento dos Espíritos

Adequadas à Primeira Semana de exercícios, ensinam a perceber e conhecer os diferentes mecanismos internos que atraem a pessoa para algo: os bons, para recebê-los; os maus, para rejeitá-los.

Primeira regra: Nas pessoas que vão de pecado mortal em pecado mortal, o inimigo costuma propor prazeres aparentes, fazendo-as imaginar deleites e recompensas sensuais, a fim de enredá-las sempre mais, e fazê-las aumentar seus vícios e pecados. Nessas pessoas, o espírito bom usa o método oposto, instigando suas consciências pelo juízo da razão.

Segunda regra: Nas pessoas que estão empenhadas em fazer uma profunda limpeza espiritual visando livrar-se dos pecados e elevar-se no caminho do bem e do serviço a Deus, nosso Senhor, o espírito maligno cria obstáculos, enfraquecendo e inquietando a pessoa de várias maneiras para que ela não possa seguir no caminho que se propôs. O espírito do bem, ao contrário, encoraja-a e fortalece-a, oferecendo consolação, lágrimas, inspirações, calma, para afastar todos os obstáculos, de forma que a pessoa continue a agir corretamente.

Terceira regra: sobre a consolação espiritual, entendida por Santo Inácio como progresso espiritual ascensional, um crescimento no Espírito, uma graça, e não uma conquista psicológica. A consolação acontece quando algum movimento interior é causado na alma e, por meio dele, a pessoa se deixa inflamar pelo amor ao seu Criador e Senhor. Como conseqüência, deixa de amar as coisas criadas na face da Terra por si mesmas, amando apenas o Criador delas todas. Da mesma forma, quando derrama lágrimas motivadas pelo amor a seu Senhor, ou pela dor de seus pecados, ou pela Paixão de Cristo, nosso Senhor, ou por outras coisas diretamente conectadas com o serviço e o louvor a Deus.

Consolação pode ser entendida ainda como qualquer aumento de esperança, fé e caridade e toda a alegria interior que clama e atrai as coisas do céu para a salvação da própria alma, aquietando e pacificando no Criador e Senhor.

Quarta regra: sobre a desolação espiritual, entendida por Santo Inácio como um empobrecimento do espírito, que afasta o praticante de Deus e pode opor crescente resistência ao Espírito Santo. Desolação é tudo o que contraria a regra três: tal como a escuridão da alma, distúrbios, movimento em direção às coisas rasteiras e terrenas, inquietude, agitação, tentações, levando a pessoa a perder a confiança, a esperança, o amor, até que ela se torne preguiçosa, ociosa, triste, apartada de seu Criador e Senhor. Porque a consolação é o contrário da desolação, também os pensamentos que vêm da consolação são contrários aos pensamentos que vêm da desolação.

Quinta regra Em épocas de desolação, é recomendável não fazer qualquer mudança, mas ficar firme e apegado às resoluções e à determinação na qual a pessoa se fixou no dia anterior a tal desolação; ou manter-se fixada na determinação na qual estava na consolação anterior. Isso porque é na consolação que o espírito do bem nos guia e nos aconselha, assim como é na desolação que o mau espírito nos passa "conselhos" que nos leam a tomar decisões erradas.

Sexta regra Embora na desolação a pessoa não deva alterar suas primeiras resoluções, é conveniente mobilizar-se intensamente contra ela, insistindo mais nas orações, na meditação, em mais auto-análise e dedicando-se a alguma penitência adequada.

Sétima regra Quando a pessoa encontrar-se em desolação, considerar que o Senhor não a abandonou, deixando-lhe poderes naturais que lhe permitirão resistir às diferentes investidas e tentações do inimigo. Nunca duvidar de que pode vencer o inimigo com o auxílio divino, que sempre permanece com a pessoa, embora ela nem sempre perceba isso claramente. Porque se o Senhor lhe tirou seu grande fervor, grande amor e intensa graça, deixou a pessoa amparada com graça suficiente para sua salvação eterna.

Oitava regra Quando a pessoa estiver em desolação, empenhar-se em ser paciente, virtude que é contrária às humilhações que lhe são confrontadas. Pensar que, em breve, será consolada, aplicando contra a desolação os expedientes da regra seis.

Nona regra São três as principais causas da desolação.

1. Ser fraco, preguiçoso ou negligente nos Exercícios Espirituais. Por essas faltas, a consolação espiritual se afasta do praticante.

2. Estar e ver o quanto vale o praticante e o quanto ele progride no serviço e louvor a Deus, mesmo que sem grandes retornos em termos de consolação e graças.

3. Dar ao praticante conhecimento verdadeiro, para que, interiormente, possamos sentir que não é mérito dele alcançar e manter grande devoção, amor intenso, lágrimas ou qualquer outra consolação espiritual, mas que tudo isso é obra e graça de Deus, nosso Senhor.

Décima regra Quando o praticante estiver em consolação, pensar como estaria na desolação que pode vir em seguida, acumulando, assim, forças para enfrentá-la.

Décima primeira regra A pessoa que está em consolação deve humilhar-se e rebaixar-se o máximo possível, pensando em quão pequena é e no pouco que pode para enfrentar a desolação, E, ao contrário, quando estiver em desolação, pensar que pode fazer muito com as graças que recebeu de Deus, nosso Senhor, e que ela é suficiente para resistir a todos os inimigos.

Décima segunda regra: O inimigo age como uma mulher, quando numa briga com um homem. É próprio dela pôr-se em fuga quando o homem a enfrenta. Mas se o homem enfraquecer, aumentam a raiva, a revolta e a ferocidade da mulher. Da mesma maneira age o inimigo da alma, que fraqueja e perde o controle quando a pessoa que está se exercitando nas coisas espirituais opõe forte pressão às tentações, fazendo exatamente o oposto do que ele a induziu a fazer. Se, ao contrário, a pessoa que está se exercitando tiver medo e perder o controle ao sofrer as tentações, não haverá animal mais feroz na face da Terra do que o inimigo da natureza humana.

Décima terceira regra: O inimigo também age como um amante sedutor, atuando na surdina, sem se expor. O sedutor atua com malícia quando tenta a filha de um bom pai ou a esposa de um bom marido, querendo que suas palavras e persua-sões fiquem em segredo. O contrário desagrada-o muitíssimo: quando a filha revela ao pai, ou a esposa ao marido, suas palavras sedutoras e intenções depravadas, ele percebe que não mais conseguirá levar adiante seu intento. Quando o inimigo da natureza humana procura enredar com astúcias e insinuações uma alma justa, quer e deseja que elas sejam recebidas e mantidas em segredo; mas, quando a pessoa as revela ao seu bom confessor ou a outra pessoa espiritualizada que conheça as artimanhas e maléficos objetivos do inimigo, ele não consegue fazer o que havia planejado.

Décima-quarta regra: O inimigo pode agir ainda como um chefe de quadrilha, interessado em conquistar e roubar. Ele primeiro avalia sua presa, o local onde pretende atuar, detecta os pontos mais fracos de um e de outro. Assim também faz o inimigo da natureza humana, que fica rodeando a pessoa, avaliando suas virtudes para descobrir quando ela fraqueja ou do que mais necessita para a salvação eterna. É aí que ele ataca e vence.

REGRAS DE DISCERNIMENTO DOS ESPÍRITOS

Adequadas à Segunda Semana de exercícios

Primeira regra: É próprio de Deus e dos seus anjos, nas suas atuações para dar a uma boa alma verdadeira alegria espiritual e gozo, afastar toda a tristeza e os distúrbios trazidos pelo inimigo. Desse, é próprio lutar contra a alegria espiritual e a consolação, apresentando à pessoa razões supérfluas, sutilezas e enganos contínuos.

Segunda regra: É da alçada de Deus, nosso Senhor, trazer consolação à alma sem causa precedente (isto é, diretamente, sem mediação e sem conhecimento anterior) porque é poder do Criador entrar, sair e atuar nas almas, trazendo-as para o amor de Sua Divina Majestade.

Terceira regra: Tanto o bom quanto o mau anjo podem assediar uma alma: o bom anjo, para o benefício dela, para que a pessoa cresça e evolua; e o anjo mau, com o objetivo contrário, ou seja, para atraí-la à sua intenção e malícia.

Quarta regra: É próprio do anjo mau, que se apresenta sob a forma de um anjo de luz, entrar na alma do devoto para tirar vantagem dela. Ele sugere, num primeiro momento, pensamentos bons e santos, típicos da pessoa justa, para então, aos poucos, dirigindo essa alma para seus enganos e perversas intenções.

Quinta regra: A pessoa deve prestar muita atenção aos seus pensamentos. Se eles forem, desde o início, no meio e no final, inclinados para o bem, isso é um sinal do anjo bom. Mas se os pensamentos terminarem em alguma coisa ruim, numa tendência desviada ou menos boa do que sua alma previamente se propôs a fazer, se enfraquece, agita ou causa distúrbio na alma, tirando dela a paz, a tranquilidade e a quietude que tinha antes, então isso é um claro sinal de que esses pensamentos provêm do espírito do mal, inimigo do bem-estar e da eterna salvação.

Sexta regra: Ao perceber a atuação do inimigo da natureza humana, a pessoa deve imediatamente analisar o curso dos bons pensamentos que ele lhe trouxe no início para entender como, pouco a pouco, conseguiu fazê-la descender da doçura espiritual e da alegria em que estava, e arrastá-la para suas depravadas intenções, de modo que esta experiência, conhecida e anotada, permita à pessoa guardar-se, para o futuro, de suas investidas usuais.

Sétima regra: Nas pessoas que estão evoluindo espiritualmente, o anjo bom toca a alma com doçura, leve e gentilmente, tal como uma gota d'água que penetra uma esponja. O toque maligno, ao contrário, é agudo, barulhento e inquietante, como quando uma gota de água cai sobre uma pedra. O mesmo tipo de toque espiritual acontece nas pessoas que estão involuindo espiritualmente. A razão disso é que a disposição da alma é contrária ou igual aos anjos mencionados. Quando é contrária, eles entram, fazendo estardalhaço. Quando é semelhante, eles entram em silêncio, como se adentrassem em sua própria casa, pela porta aberta.

Oitava regra: Quando a pessoa é abençoada por uma consolação sem causa (ou seja, quando Deus atua diretamente, sem intermediação), deve prestar muita atenção para discernir o tempo que é próprio dessa consolação, do tempo seguinte (o que segue à consolação sem causa), quando ainda permanece favorecida pelo dom e efeitos da consolação passada. Isso porque, freqüentemente, nesse segundo tempo, ela segue o curso de seus hábitos e as deduções de seus conceitos e juízos, sob a influência do bom ou do mau espírito, criando propósitos ou pareceres que não advindos de Deus, nosso Senhor. É por isso que tais propósitos ou pareceres devem ser muito bem examinados antes que a pessoa lhes dê crédito ou os ponha em prática.

Capítulo 19

Regras para Distribuir Esmolas

A **rimeira regra:** Se a pessoa for distribuir esmolas para parentes e amigos ou para outras pelas quais tenha afeição, deve observar algumas coisas que já foram mencionadas, em parte, no tema das eleições. A primeira é que o amor que a move para realizar tal gesto advém do Alto, ou seja, origina-se no amor de Deus, nosso Senhor, de forma que ela deve sentir tal amor, primeiro em si mesma, e não esquecer que é o amor de Deus que resplandece no seu amor pelos outros.

Segunda regra: Pensar numa pessoa que nunca viu ou conheceu e, desejando-lhe o melhor para sua situação, imaginar como gostaria que ela agisse na distribuição das esmolas para a maior glória de Deus, nosso Senhor, e do aperfeiçoamento de sua alma. Agir da forma que concluiu, observando a regra e a medida que julgou corretas para aquela pessoa.

Terceira regra: Imaginar-se na hora da própria morte para avaliar a forma e a medida que teria adotado em relação à distribuição dos seus bens. Regulando-se pela conclusão a que chegar, fazer a distribuição.

Quarta regra Imaginar-se no dia do julgamento final e como teria considerado justa a distribuição de seus bens. Aplicar, então, essa regra ao que fará agora.

Quinta regra Quando sentir-se inclinado a ajudar alguém, ponderar sobre as quatro regras mencionadas, examinando e testando sua afeição pela pessoa. Não oferecer ajuda até que tenha, seguindo as regras, expulsado e afastado completamente qualquer inclinação desordenada em relação a elas.

Sexta regra Quando a pessoa é chamada por Deus, nosso Senhor, para o serviço de distribuir esmolas, não é condenável tomar os bens de Deus para distribuí-los. Se ficar em dúvida quanto ao que tomar para si e o que dar, ou quanto a possível falta ou excesso, repensar sua vida ou situação tendo em vista as regras mencionadas.

Sétima regra Pela razão acima mencionada e por muitas outras, é sempre melhor e mais seguro, no que diz respeito às condições de sua vida, a pessoa reservar e reduzir seus bens, aproximando-se do modelo e regra, que são o Santo Padre e o Cristo, nosso Senhor. De acordo com o que determina e manda o Terceiro Concílio de Cartago (no qual estava Santo Agostinho), o mobiliário do Bispo deve ser simples e modesto. O mesmo deve ser considerado em todos os aspectos da vida das pessoas comuns. Na vida matrimonial, temos o exemplo de São Joaquim e Santa Ana, que dividiram seus bens em três partes, dando a primeira aos pobres, a segunda ao padre, para o serviço da Igreja, e a terceira para o sustento de si próprios e de sua família.

Capítulo 20

Notas sobre Escrúpulos

Como detectar e compreender os escrúpulos e a persuasão dos nossos inimigos.

Notas:
Primeira — Considera-se escrúpulo aquilo que procede do próprio julgamento e liberdade, ou seja, quando uma pessoa livremente decide o que é ou não pecado. Não confundir escrúpulo com juízo errôneo.
Segunda — Antes de ter pensado, dito ou feito alguma outra coisa, a pessoa fica na dúvida se pecou ou não, o que a faz sentir-se perturbada.
Terceira — O juízo errôneo é mais detestável, porque errado; mas o escrúpulo derivado da dúvida sobre o erro pode ser, por algum tempo, benéfico ao praticante dos Exercícios Espirituais, pois o afasta de tudo o que tem aparência de pecado, contribuindo para purificar e limpar sua alma. Como disse São Gregório: *"É próprio dos bons achar culpa onde não houve nenhuma."*
Quarta — O inimigo observa a natureza da pessoa, se é grosseira ou delicada. Se é delicada, tenta fragilizá-la ainda mais para poder perturbá-la ou embaraçá-la. Por exemplo, se vê que uma alma não consente nem em pecado mortal e nem venial, e se não consegue arrastá-la para nenhuma situação que favoreça o pecar, atua tentando fazê-la enxergar pecado onde ele não existe, como numa palavra ou num pensamento banal. Se a alma é grosseira, o inimigo tenta reforçar a grosseria. Se a

pessoa, por exemplo, não fazia caso dos pecados veniais, tentará induzi-la a não fazer caso também dos pecados mortais.

Quinta — A pessoa que deseja evoluir na vida espiritual deve sempre proceder do modo contrário ao do inimigo; ou seja, se este deseja fazer sua alma mais grosseira, que se empenhe em torná-la mais delicada. E se ele tentar refinar ainda mais a que é delicada, que a pessoa tente criar defesas para tranqüilizar-se.

Sexta — Quando uma alma boa desejar falar ou fazer alguma coisa dentro da Igreja que esteja de acordo com o entendimento dos seus superiores e que seja para a glória de Deus, nosso Senhor, e lhe vier um pensamento de tentação de que não deveria dizê-la ou fazê-la — com o argumento do orgulho, por exemplo —, a pessoa deve elevar seu pensamento ao Criador, nosso Senhor. Vendo que o que iria propor está a serviço do divino ou, pelo menos, não é contra ele, a pessoa deve fazer exatamente o oposto ao que lhe foi sugerido pela tentação, como indica São Bernardo: *"Nem por ti comecei, nem por ti acabarei."*

Capítulo 21

Regras para sentir com a Igreja

Para despertar o sentimento verdadeiro na militância Católica.

Primeira regra: Deixar de lado o juízo próprio e estar com a mente preparada e pronta para obedecer, em tudo, à verdadeira esposa de Cristo, nosso Senhor, que é a Santa Mãe, a Igreja Católica, e sua hierarquia.

Segunda regra: Louvar a confissão feita a um sacerdote e receber o Sagrado Sacramento do altar uma vez no ano ou muitas vezes ao mês. Melhor ainda toda semana, respeitadas as condições requeridas e devidas.

Terceira regra: Freqüentar a missa sempre, e louvar os hinos, salmos e as longas preces dentro e fora da igreja, e também as horas destinadas a cada um dos ofícios divinos, às preces e às horas canônicas.

Quarta regra: Louvar as ordens religiosas, a virgindade, a continência e o matrimônio — este último nem tanto quanto as outras.

Quinta regra: Louvar os votos religiosos de obediência, pobreza, castidade e outras perfeições assumidas. Como os votos são feitos em torno de coisas que visam atingir a perfeição evangélica, não fazer votos para coisas mundanas, como transações comerciais, casamentos, etc.

Sexta regra: Louvar as relíquias dos santos, venerando-as e rezando a eles. Louvar também as estações, peregrinações, indulgências, perdões, cruzadas e as velas acesas nas igrejas.

Sétima regra: Louvar as determinações acerca de jejuns e abstinências como as da quaresma, dias de luto, vigílias, sextas e sábados, bem como as penitências, não apenas as interiores, como também as exteriores.

Oitava regra: Louvar os ornamentos e as construções da Igreja, bem como as imagens, venerando-as de acordo com o que elas representam.

Nona regra: Finalmente, louvar todos os preceitos da Igreja, mantendo sempre a mente pronta para defendê-los.

Décima regra: Estar sempre preparado para encontrar o bem, e louvar tanto as determinações e recomendações, quanto os métodos dos superiores da Igreja. Porque embora alguns não sejam ou não tenham sido justos ou corretos, falar contra eles — seja pregando em público ou discursando perante pessoas comuns — destacaria mais as faltas e os escândalos, e não seria proveitoso. Isso também insuflaria as pessoas contra a Igreja, seja ela temporal ou espiritual. Causa, também, muitos danos falar mal às pessoas comuns dos superiores, em sua ausência. Melhor seria falar dos maus costumes às próprias pessoas que, assim, oderiam remediá-los.

Décima primeira regra: Louvar a doutrina positiva (baseada nas fontes da revelação, a Sagrada Escritura e os Santos Padres) e a escolástica. Isso porque é mais adequado aos doutores positivistas como São Jerônimo, Santo Agostinho e São Gregório mover os corações ao serviço de Deus, nosso Senhor, e mais adequado aos escolásticos, como Santo Tomás, São Boaventura e ao Mestre das Sentenças definir e explicar de forma compreensível ao nosso tempo as coisas necessárias para a salvação eterna, como também combater e explicar melhor todos os erros e falácias. Os doutores escolásticos, mais modernos, ajudam no verdadeiro entendimento da Sagrada Escritura, do Positivismo, e, por serem iluminados e esclarecidos pela virtude divina, servem aos concílios, cânones e constituições da nossa Santa Madre Igreja.

Décima segunda regra: Tomar cuidado ao fazer comparações entre aqueles que estão vivos e os abençoados que já faleceram, porque isso é um grande erro. Não se pode dizer, por exemplo, que este sabe mais do que Santo Agostinho, ou que outro é maior do que São Francisco, ou que alguém é outro São Paulo em santidade.

Décima terceira regra: Para ser correto em tudo, aceitar que o branco é preto, se assim a hierarquia da Igreja decidir, acreditando que entre Cristo, nosso Senhor, o esposo, e a Igreja, sua noiva, há um mesmo espírito que nos governa e dirige para a salvação de nossas almas. Porque pelo mesmo Espírito e Senhor nosso, que nos deu os Dez Mandamentos, está sendo dirigida e governada nossa Santa Madre Igreja.

Décima quarta regra: Embora haja muita verdade na afirmativa de que ninguém pode salvar a si próprio sem ser predestinado e sem ter fé e graça, ser muito cauteloso na maneira de falar e se comunicar com outras pessoas sobre essas coisas.

Décima quinta regra: Não criar o hábito de falar de predestinação, mas, se, em algumas ocasiões for necessário, fazê-lo de modo que as pessoas simples não cometam erros de interpretação como algumas vezes acontece, dizendo: "Se tenho de ser salvo ou condenado, já está determinado, faça eu o bem ou o mal." Com isso, ficam mais preguiçosas ou negligentes nos trabalhos que levam à salvação e aos benefícios espirituais para suas almas.

Décima sexta regra: Ficar atento para não falar muito, e com muita freqüência, da fé, sem fazer nenhuma distinção ou explicação, para não dar chance às pessoas de ficarem preguiçosas e displicentes no agir, antes ou depois de a fé estar embebida pela caridade.

Décima sétima regra: Não falar com muita insistência sobre a graça, para evitar que as obras e o livre-arbítrio das pessoas sofram prejuízo ou sejam desestimulados.

Décima oitava regra: Visto que acima de tudo deve-se estimar e servir a Deus, nosso Senhor, com puro amor, louvar muito o temor à Sua Divina Majestade, não apenas porque o temor filial é uma coisa pia e santificada, mas porque o temor servil ajuda muito a escapar do pecado mortal. E, quando a pessoa o faz, chega facilmente ao temor filial, que é aceito e agradável a Deus, nosso Senhor, porque uno com o amor divino.